ベスト・パートナーになるために

Men are from Mars, Women are from Venus

心理学博士
ジョン・グレイ
大島 渚 訳

三笠書房

はじめに

愛にもこの〝かしこさ〟が必要です

――あなたの人生を間違いなく、いい方向に動かす究極の愛のルール

「そもそも、男は火星人で、女は金星人だった」――そう想像してみよう。

遠い昔のある日、火星人たちは望遠鏡をのぞいているうちに金星人を発見した。彼らは、そのはじめて見る〝異星人〟の魅力にひと目でとりつかれ、ただちに宇宙船を発明して金星へと飛んだ。

金星人たちは、両手を広げて彼らを大歓迎してくれた。この日が来ることを、直観的に感じとっていたのである。かつてないほど激しく胸がときめき、そして恋が生まれた。

この異星人同士の恋は、まるで魔法にでもかけられたような勢いで急速に進展していった。まったく異次元の世界で生まれ育った二人だったが、彼らは嬉々として一緒に行動し、楽しみを分かち合うことができたのだ。

はじめの数か月は、互いのことについて学び合った。好みや行動パターン、要求することとの違いなどを探り、充分に理解し合うことができた。そして、深い愛情と相手を敬う心

に支えられた仲むつまじい生活が始まった。

やがて、彼らは地球に移住することを決めた。この新しい天体での生活も、はじめの頃は快適で素晴らしいものだった。双方ともに、互いの違いをよく心得、認め合って金星時代と同じように幸せな日々を過ごしていた。

ところが、地球の環境と雰囲気の中にとけ込んでいくうちに、しだいに大切なことを忘れがちになっていった。そして、ついにある朝、彼らは目覚めると同時に完璧な〝記憶喪失〟に陥ってしまったのである。

火星人も金星人も、お互いがそれぞれ異なった天体からやってきた身であることと、それゆえに双方の間に根本的な違いがあることをすっかり忘れてしまったのだ。金星で学んだことは、すべて彼らの記憶から消え失せた。

その日から、男と女の闘いが始まり、今日に至っているのである。

なぜ「女の当たり前」が男には通じないのか

お互いが根本的にはまったく異なった〝人種〟であることを心得ておかないと、男と女はうまくやっていけない。ぎくしゃくとした関係ができあがってしまう。

だが、男女がそれぞれお互いの違いを心得て、尊重し合えるようになれば、二人の間のトラブルはたちまち減っていくはずである。そもそもは、男が火星人で女は金星人だったことを思い出せば、すべての問題は必ず氷解する。

本書は、こういった男と女の決定的な違いを詳細に分析し、打開の道を探っていこうとするものである。1章から7章まで、どの章もすべてあなたに新鮮で重要な知識を与えるはずだ。

まず、男女それぞれの価値観がどれほど違っているかを心理的に、また生物学的な見地から明らかにしていきたい。

つぎにお互いの気持ちのズレから起こるストレスをどう解消すればよいか、そして、相手をいい気分にさせながら自分の意志・要求をも満足させるための三つのステップについて語りたい。

また、男女間でもっとも誤解やトラブルのタネになりやすい「言葉のくい違い」「気持ちのすれ違い」の原因を探るとともに、相手の言葉を〝翻訳〟する具体的方法についても触れる。

言葉というのは実に不思議なものだ。自分にとってみれば取るに足りないひと言の愛情表現が、相手にとっては高価なプレゼントに負けないくらいの価値を持つことがある。そんな言葉の贈り物についても詳しく述べてみよう。

そして、お互いが限りなく成長し続けるための「刺激の与え方・受け取り方」を紹介したい。

本書のページを繰るうちに、あなたは素敵な恋愛を楽しみ、理想的な結婚生活を築きあげ、いつまでも色あせない関係を約束する新しい秘密を発見することができるはずである。新しい発見の一つひとつは、間違いなくあなたの人生をより充実したものへと高めていってくれることだろう。

もくじ

1章 男と女は違う星からやってきた
……男は〝受容〟を、女は〝共感〟を求めている

2章

「男は単純で、女は複雑」は本当か

……男は〝調停屋〟に、女は〝教育委員長〟になりたがる

3章

男は分析して満足する、女は話してすっきりする

……言葉が愛を生む、憎しみを生む

4章

相手の気持ちを上手に〝翻訳〟してますか？

……男と女がうまくいく〝究極のルール〟

5章

男の恋愛観、女の結婚観

……この〝小さな気づかい〟が、彼を男らしい気分にする

6章

男に自信をつける〝女のひと言、会話の仕方〟

……〝男のやさしさ〟を上手に引き出すテクニック

7章

〝二人の愛〟をさらに深める心理法則

……男と女の〝愛情のパラドックス〟

男と女の関係を〝魅力的な発想〟でとらえ切った本

1
章

男と女は違う星からやってきた

Men are from Mars, Women are from Venus

……男は〝受容〟を、女は〝共感〟を求めているひとりの男性がひとりの女性を見初め、恋に落ちた時、彼はその昔、火星人が金星人をはじめて発見した時と同じ感覚を実感しているはずだ。

あたかも雷に撃たれたかのごとく、彼の人生は一瞬にして永久に変わっていく。自分自身の望遠鏡越しに、畏敬の念に満ちた美しく優雅な光景を目のあたりにしてしまったからである。

それ以来、彼の人生は新しい意味を持つようになった。そして、気持ちの落ち込みから救われ、前向きに生きる気力が湧いてきたのである。

女性の〝やさしさのサイン〟が男を勇気づける

私たちは、とりわけ、自分にはない部分に引きつけられるものだ。

男たちの厳格で激しい気性に比べて、女は温和でやさしい性格を備えている。男たちが固苦しくて角のある言動をとるのに比べて、彼女たちのそれはあくまでも柔軟で人当たりがいい。男たちが物事に対してクールに対応するのに比べて、女たちは温かく情を込めて対応する。

すべての面において、男女は完璧にお互いの欠けている部分を補い合える特性の違いがある。

女性は、いつも無言のままで「あなたが必要です。あなたの力強さが私の空虚な心を満たしてくれ、人生を満ち足りたものにしてくれるの。私たちは、一緒にいることによって、はじめて最高の幸福を得られます」というメッセージを声高に、明瞭に伝えることができる。

そして、そのメッセージこそ、男性を大いに奮い立たせ、力を与える源になるのだ。

多くの女性は、いかにしてこのメッセージをうまくアピールできるかを本能的に知っている。二人の関係のはじまりの時点で、女性は男性に「あなたは私を幸福にしてくれる人よ」という無言のサインを自分の表情や態度で送ることができる。

そうした女性の様子が男性を力づけ、もっと彼女に近づこうとする自信を与える。男性が密かに抱いているひとりの女性とつきあうことへの恐れの気持ちを取り除いてあげることができるからだ。このようにして、女性は実に巧妙に、自分が気に入った男性との関係を深める。

しかし、二人の関係が始まり、トラブルが起こると、彼女はそのメッセージを彼に送り続けることがどんなに大切であるかがわからず、それを怠ってしまうのである。

〝男の幸福〟も女しだい？

男は、恋に落ちることによって、自分のことはさておいても女性のために全力を尽くしたいと願うようになる。

そうすることで心が開放されると、男は利己的な自分から脱皮し、大きく変わることができるし、自信を持てるようにもなる。自分は人の力にもなれるのだということを意識した時、持てる限りの最大の力を尽くすようになる。

だが、いったんそれが望みのない愛だと感じた時には、再び元の利己的な自分に後戻りしてしまうのである。

恋に落ちた男性は、自分のことと同じように相手のことを気にかけるようになる。恋愛感情は、利己的な鎖の中にとらえられていた彼を急速に解き放し、他人のために自由に行動する力を与えてくれる。その原動力は、個人的な利益の追求ではない。愛情、つまり相手に対する思いやりである。

彼は、自分の恋している相手の心が満ち足りていると、それがあたかも自分自身のことのように感じられるようになっている。彼女を幸福にするためには、いかなる困難にも耐えることができる。彼女の幸福は、すなわち自分自身の幸福だからである。彼は、より高い目標に向かって活力を与えられることになる。

幼い頃の彼は、自分のためだけに行動していれば、それで満足できた。だが、成長していくにつれ、単なる自己満足では物足りなくなっていく。充実した人生を実感するために、愛情によって動機づけられる生き方を望むようになるのである。

このように、男性は恋に落ちると、のびのびと無私無欲に相手のために生きることに熱中できるようになる。そして、彼は他人に対する思いやりの心に欠けた、自分の満足だけを追求する惰性的な人生から解放される。彼にとって愛情を受けることも必要だが、もっとも大切なのはそれを自分から分け与えることなのだ。

大部分の男性は、愛情を分け与えることに飢えている。だが、彼らにとって最大の問題は自分に何が欠けているかが、わかっていないことである。

彼らは自分の父親が愛情を与えることによって、母親を満足させることに成功した光景を目にした経験がめったにない。そして、男性にとって人生の充足感を味わう第一の源泉が、他人のために何かをしてあげることだという事実に気づかないまま、時間を過ごしてしまう場合がほとんどなのである。

だから、対人関係において失敗を犯すと、彼はひどく落ち込み、他人との親しい交際やさまざまな人間関係から逃げ出し、自分だけの世界に閉じこもる。人のことなどまったく考えなくなり、なぜ、自分が憂うつな気分に陥ったのかわからなくなる。

だから、なぜ自分がそんな思いをしなければならないのかを必死になって自問自答する。だが彼は、自分が相手から必要とされていないと感じたためにそうなってしまったことには気がついていない。

男性は、自分の助力が相手に肯定的な影響を何も与えていないと感じると、その人間関係や生活を続けられなくなる。

自分が必要とされないならば、やる気を奮い立たせることはできないからだ。再びやる気を起こすためには、自分が誰かに受け入れられ、認められて頼られているのだという実感を持つようにならなければならない。

男性にとって、自分が必要とされないことは、ゆっくりとしたペースで死んでいくようなものなのだ。

女性は「愛され、大切にされている」実感がほしい

女性を憂うつな気分にさせるものは、言い知れぬ孤独感である。その精神状態から脱け出すために、彼女たちは愛情に満ちた救いの手が自分に差しのべられていると安心する必要があった。

多くの男性は、女性が誰かに愛情を注がれ、支えられているのだという実感を持つこと

の大切さに、ほとんど気がついていない。彼女たちは、その要求が満たされると信じられた時、幸福な気分になれるのだ。何か嫌な出来事があって精神的に落ち込んだ時、あるいは人生に疲れて絶望に陥った時、女性がもっとも必要とするのは、親しい人間とのスキンシップである。

女性は、自分がけっして孤独な存在ではないのだということを確信する必要がある。誰かから（とりわけ、特定の異性から）愛され、大切に扱われていると実感したいと痛切に願っているのである。

女性は相手からの同情、理解、なぐさめ、自分の行動は正しいと認めてもらうことを強く求め、それが満たされると立ち直っていけるのだ。

ところが、男性はなかなかそんな女性の心理に気がつかない。むしろ、相手のことを思うがゆえに、そっとひとりにしておいてあげるべきだと考える。あるいは、そばにいて問題を解決してあげればそれでいいと考え、性急に解決策を提示して、彼女をさらに落ち込ませたり、怒らせたりするのだ。

男性には、ただ単に親身になって話を聞いてくれ、理解と同情を示してくれることだけを望んでいる女性の心情が、なかなか本能的に理解できないのである。

自分の話を納得いくまで聞いてもらい、理解、同情してもらえたと実感できた時、女性は自分が相手に愛されていることを確信でき、それだけで心が満たされ始める。不信感や猜疑心はたちまち消し飛んでいく。

自分が愛される価値のある人間であると確信できた時、女性はごく自然にリラックスすることができるのである。

女性たちは、自分を犠牲にしてまで相手に〝与える〟ことをよしとして育てられるが、そのことに心身を消耗していることが多い。いつも「自分は一歩ひいて、相手を立たせる」彼女たちも、休養を必要としているのだ。彼女たちは自分を探求する時間、まず第一に自分を優先させて考える時間を持ちたいと願っている。

彼女たちは、自分がめんどうを見てあげる必要もなく、ただ自分のことだけを気にかけてくれ、精神的な支えになってくれるような相手が現われるのを望んでいる。そして、それを完璧に叶えてくれるのが〝男性の存在〟なのである。

つまり、男は〝与える〟ことを学び、女はそれをいかに〝受け入れる〟かを知る必要がある。

男性と女性の成長過程を見てみよう。

女性は年齢が若ければ若いほど、自分を犠牲にして相手の要求を満足させてあげようとする。対する男性も、若ければ若いほど自分本位の発想と行動をとり、他人の要求などにはまったく気を回さない。

しかし、成長していくにつれ、女性は他人を満足させるために生きていくことが、いかに自分自身をないがしろにしてきたかに気づくようになり、男性は他人を尊重し、尽くしてあげることがいかに自分を高め、満足感を与えてくれるかを認識できるようになる。

これが男と女の最大の変化であり、成長なのである。

愛に「被害者」はない

女性は、往々にして自分が相手に尽くしすぎたと気づいた時、その不幸を相手のせいにする。彼女は、自分が相手から得たものよりも与えたもののほうが大きかったことについて不公平を感じ、損をしたと思うのだ。そして、相手を責める。

しかし、女性にとって本当に大切なのは、相手の不誠実さに対して憤る前に、自分から〝与える〟度合に限度を設けることである。相手に対して〝ギブ・アンド・テイク〟を均等にするように求めるのではなく、自分のほうで調節をして限界点を設ける必要があるのだ。

男性は女性からはっきりと「それはできないわ」といった言葉を受けると、二人のつきあいにも節度（けじめ）があるのだと気づく。そして、男性はより多くのことを相手に与えたいという気持ちに駆られていくものだ。

つまり、女性はより多くのものを相手の男性から受けるためには、彼との接し方に自分から節度を設ける必要性があることを学ばなければならない。それができた時、彼女は相手に対して寛大な気持ちを抱けるようになり、しだいにリラックスもし、人生からより多くのものを学ぶことができるのである。

男の気持ちが遠のく〝女の考え違い〟

女性というのは相手に対して「NO」と言ったり、いろいろと愛情を尽くしてもらうことに対して非常に臆病になるものである。

ふつう多くのものを相手に要求しすぎ、その結果、拒絶されたり、批判されたり、捨てられてしまうことを、女性は恐れるものだ。少しでも批判されると、自分は相手から大切にされる価値のない人間であると思い込み、精神的に傷ついてしまうからである。

そして、自分が愛される価値のない存在だとゆがんだ考えを持つようになった女性は、自分に自信を持つことがなかなかできない。そして、「自分はどうせ相手にされないだろう」とか「自分が愛情を感じた相手に心の支えにはなってもらえないだろう」と思い始める。

こんなメッセージを彼女から受け取った男性は拒絶されたと感じ、去って行ってしまうだろう。女性の絶望感や不信感は、彼に対して「私はあなたが支えになってくれるとは信じられません」というメッセージとして伝わるのだ。

男性というものは本来、相手から必要とされることによって心を動かされるが、こういう態度でいかに要求されても逆に遠のいていくだけである。

このような時、女性はとんだ考え違いをして、自分が要求を突きつけたために相手が自分に背を向けたと考える。だが、本当のところは彼女の絶望感や不信感がそうさせたのだ。

男性とは、「信頼されているという実感を得る必要がある生き物」だということを知らずに、女性が相手から満足のいく対応を受けるのは至難である。

少しつれなくされるほうが男は夢中になる？

自分は、他人から愛される価値がある人間だと心底から思えるようになった時、女性は男性からの愛情を招き入れる扉を開放したことになる。

一方、もし十年間ほどの結婚生活において相手に多くのことを与えた（尽くした）から、自分もまた同じように多くのことを相手から与えられるはずだとうぬぼれたりした時には、皮肉なことに彼女はその扉を閉じてしまったことになる。その時、彼女はおそらく次のように感じる。

「私はあなたにこんなにも尽くしてきたのに、あなたは私を無視し続けてきたわ。あなたには私をもっと大事にする義務があるはずよ。でも、あなたは、少しもそうしてくれない。もう信じられなくなったわ。私は疲れ切ってしまった。あなたにしてあげられることは、もう何も残っていないわ」

こういうケースでは、私は女性たちに「それ以上、相手に尽くす必要はない」とアドバイスをする。二人の関係をよくしようとするのなら、あまり与えすぎると逆効果になってしまうのだ。女性が、与える度合を少なくすればするほど、男性はかえって大切に扱ってくれるようになるものなのである。

男性が女性の願いを無視し続けている時、それはちょうど二人ともグッスリ眠り込んでいるようなものだ。

彼女が目を覚まし、自分を必要としていることに気がつけば、彼もまた目を覚まして彼女により多くのことを与えようとする。彼は受け身の状態から目を覚まし、彼女が望んでいるような変身ぶりを示すようになる。

女性がパートナーにあまり多くのものを与えなくなるということは、彼女自身の内側に、自分が愛され尽くされるに足る人間であるという自信が確立された証《あかし》といえる。そうすると、彼は閉じこもっていた穴の中から出てきて宇宙船を組み立て始め、彼女を幸福にしようとするのである。

現実には、彼がそういう心境に至るまでには、かなりの時間を要するかもしれない。けれども、そのためのもっとも重要なステップは通過したのだ。

　つまり、自分が彼女をおろそかに扱ってきたことに気づき、その姿勢を変えようと思うようになった。この段階まで到達すれば、彼女の望みが叶うのも、もはや時間の問題なのである。


　このことはまた、次のような効果を生み出すこともある。

　ふつう、男性が自分を不幸に感じてより多くの愛情やロマンスを欲するようになると、パートナーの女性はすぐに心を開き、再び彼に愛を注ぎ込むようになる。そうすると、彼女の憤りや恨みの壁は崩れ落ち、二人の間に再び愛情が宿ってくるのである。たとえ、男性があまりにも長期間にわたって彼女をないがしろにしてきたとしても、その鬱積《うっせき》した恨みつらみの気持ちがいやされる日は必ずやってくる。

　一方が前向きに変わっていけば、パートナーもそれを受けて同じように変わっていく。このシンクロニシティは、人生においてしばしば不思議な力を発揮してくれる。生徒がきちんと準備を整えれば、必ず良い教師が出現する。質問すれば、必ずその答えは返ってくる。

　私たちが、本当に相手の愛情を受け入れる準備を整えれば、必要としているものは必ず手に入れることができるようになるのだ。

男の自信は〝女のひと言〟でどうにでもなる

男性がもっとも恐れているのは、自分は力量不足で、彼女にはふさわしくないのではないかということである。彼は、その恐怖心を取り除くために、自分の才能や力を磨くことに専心するだろう。成功、目的達成、能力向上こそが彼にとって人生最大のテーマなのである。

女性が〝受け入れる〟ことに臆病になるように、男性もまた〝与える〟ことに臆病になる。他人に与えるという作業は、リスクを背負うことである。失敗すれば、自分は認められなくなり、より多くの努力が必要になる。そういう結果に陥ることは、彼にとっていちばんの苦痛である。なぜなら、彼は潜在的に自分の能力が劣っているという誤った確信を抱いているからだ。

この確信は、少年時代に周囲からの期待を感じるたびに形成され、強められてきた。彼がなし遂げたことが無視されたり評価されなかったりするたびに、無意識のうちに自分は無能で使いものにならない人間なのだという誤った確信を抱くようになってしまったのだ。

男性は、この件に感しては敏感だ。そのために、失敗することを極度に恐れるのである。できることなら多くのものを他人に与えたいと思っているのだが、失敗を恐れるあまりに試そうともしない。もし、彼にとって最大の恐れが無能さをさらけ出してしまうことであるとすれば、無用なリスクは一切さけるようになるのは当然である。

皮肉なことに、彼が心底から気にかけるようになればなるほど、失敗に対する恐怖心が募っていく。したがって、いろいろなことを与え、尽くしてあげたいと思っているのに、失敗を回避しようとして、その気持ちとは裏腹に、結局は何もしてあげなくなってしまうのである。

男性は、精神的に不安定な状態に陥ると、自分以外の何者にも注意を払わなくなることによって自己防衛しようとする。そういう場合のもっとも顕著な反応の仕方は「俺には関係のないことだから気にしない」と拒絶的に言い放つことである。

女は「拒絶」が、男は「挫折」が怖い

私は、最愛の恋人が少しも結婚の話を持ち出してくれないことに不満を持つ女性の話をよく覚えている。

彼女からすれば、彼が自分と同じように真剣に自分を愛してくれているのかさえ、疑わしくなっていた。ところが、ある日彼女は彼に向かって、二人で一緒にいると、いかに幸福であるかを素直な気持ちで打ち明けた。二人とも非常に貧しかったが、彼女は彼との結

婚を望んでいたのである。

彼が彼女にプロポーズしたのは、その翌日のことであった。

彼には、自分が彼女に受け入れられ、認められているという確信が必要だったのだ。そう確信させてくれ、愛情を告白する勇気を奮い起こしてくれるきっかけが必要だった。そうされることによって、自信をつけ、自分の感情にも確信が持てるようになったのである。

女性が、自分が望んでいるだけの反応を相手から得られなかった時に感じる「拒絶感」にひどく敏感になるように、男性は相手が何か問題について話し始めると、自分がその解決に失敗した場合に陥るであろう「挫折感」に、ひどく敏感になる。それが、男性が女性の話に耳を傾けようとしない場合の大きな理由である。

彼は、彼女のヒーローでいたいのだ。彼女が失望したり不幸な思いに落ち込んでいたりすると、それはすなわち自分の失敗と感じてしまう。

彼女の不幸は、彼の最大の恐怖心——自分が相手にとって役不足であるという恐れ——を確定的なものとしてしまうのである。

ほとんどの女性が、男性が傷つきやすく、彼らもまた愛情を必要としているのだという事実に気がついていない。女性の愛情は、自分が他人の心を満足させる能力を備えていることを男性に実感させる力を持っている。

父親が母親を充分に満足させている家庭で育った少年は、成長してからも異性との関係を上手に持てるようになる。身近で両親の様子を見聞きしてきた結果、自分にも同じことができるという自信が知らぬ間に備わっているからである。

彼はけっして愛情の告白をすることを恐れない。なぜならば、それだけの愛情を相手に注ぎ込む自信があるからである。あるいは、たとえそれができない時でも、自分の能力を少しも疑わない。全力を尽くした結果のことだから仕方がないとあきらめることができる。当然のことながら、愛情に対する確信は少しも揺るがない。

自分なんかもうダメだ、とあきらめてしまうこともない。なぜならば、彼は自分が完璧な人間ではないということを心得ているからである。そして、自分がいつもベストを尽くしていることに、自信を持っているからである。全力を尽くしていればそれでいいと考えられる。

彼はまた、自分が犯した過ちについて素直に謝ることもできる。なぜならば、彼は相手の愛情と寛大さと、そして全力を尽くしたことに対する理解を期待しているからである。

彼は、人間なら誰もが失敗することを知っている。自分の父親が失敗を犯し、それでも自尊心を失わずに誇り高く生きていた姿を見てきた。母親が父親の失敗を許し、愛し続けてきた様子を目にしてきた。父親が母親をひどく失望させた時でさえも、母親は父親を信頼し続け、励ましていた。

しかし、ほとんどの男性はこのような成功モデルが身近にないところで育つ。彼らにとって、愛に生き、結婚をして家庭を築いていく作業は、何の訓練も受けずにジャンボ・ジェット機を操縦して空を飛ぶようなものである。ひょっとすると、離陸させることはできるかもしれない。だが、墜落するのは時間の問題だ。

あるいは、あなたの父親が母親との仲をぶちこわす場面をよく目にしていた場合、同じことを繰り返す可能性が高くなる。

パートナーと良い関係を築くためのマニュアルが身近になかった多くの男女は、簡単に二人の関係をあきらめてしまうのである。次章では、そのマニュアルについて例をあげながら詳しく見ていこう。

2章

「男は単純で、女は複雑」は本当か

Men are from Mars, Women are from Venus

……男は〝調停屋〟に、女は〝教育委員長〟になりたがる

女が男に対してぶつける不平不満の中で、いちばん多いのが「私の言うことをちっとも聞いてくれない！」だろう。

相手の男は、彼女が話しかけてもまったく耳を貸そうとしない。あるいは、最初のくだりだけ少し聞こうとするが、彼女の抱えている問題が何であるかを把握すると、直ちに〝ミスター・フィクサー（調停屋）〟の本領を発揮して、独善的な解決策を押しつけようとする。

女性は〝感情移入〟してもらいたい

彼は、彼なりの思いやりでそういった態度をとっているのだが、相手がその愛情表現を少しも受け入れないことを知ると、すっかり困惑してしまう。

女性の側が彼に対してどんなに「あなたは少しも私の話を聞いてくれていない」と訴えても、まったくその本意を理解できずに、依然として同じ態度をとり続けるのみである。

彼女が単に〝感情移入〟を望んでいるのにもかかわらず、男は彼女が具体的な〝解決策〟を欲しがっていると勘違いしているのだ。そこに男女の、根本的な悲劇がある。

逆に、男が女に対してぶつける不平不満の声の中でもっとも頻繁に耳にするのは、「相手が絶えず自分を変えていこうとしている」というものである。

女は、ひとたびひとりの男と恋愛関係に入ると、その相手を人間的に成長させ、仕事や出世の手助けをしなければならないという義務感に駆り立てられる。そこで彼女は、〝教育委員長〟に就任するのである。その主なターゲットが最愛の異性であることは言うまでもない。

男は迷惑がって、このよけいな〝おせっかい〟に抵抗を示す。だが、彼女はそんなことには、おかまいなし。チャンスを見ては干渉し、有難迷惑なアドバイスや手助けを繰り返すのである。

彼女は、自分が立派な人物を養成しているのだとすっかり思い込んでしまっている。だが、そうされればされるほど、男は女の手の平の上で踊らされようとしている自分を感じ、不快感を募らせていく。彼が望んでいるのは、現在の自分を百パーセント無条件で受け入れてくれることなのだ。

これら二つの大きな問題は、何よりもまず第一に、なぜ相手がそういう態度に出るのかをわかり合うことによって解決の方向へ向かっていく。

そのためには、お互いがそれぞれ火星と金星に住んでいた時のことを思い出す以外に方法はない。手に手を取り合って地球へ飛んで来る前の、まだお互いの存在を知らずにそれぞれの星で暮らしていた日々の生活を検討すれば、必ず問題解決のいとぐちを見出すことができるはずである。

自主独立こそ男の誇り、達成感が男の〝自己証明〟

そもそも男というものは、体力や知力、仕事の効率や物事の達成に価値を置く種族なのである。

彼らにとっては、絶えずこれらの点における自分の能力を実証しようと生活し、能力と技術の研鑽に明け暮れることが、すなわち生きることなのである。

男性は、自らの能力によって達成された結果によって〝自己証明〟をするのである。目的の達成と成功によってはじめて、男性は基本的な人生の充実感を味わうことができるのだ。

そして、すべてがこの価値観を反映して動いてきた。彼らの衣服でさえ、その能力や技術に応じてデザインされたものだった。警官、兵士、ビジネスマン、科学者、タクシー運転手、エンジニア、コック……全員が各々の能力と技術を反映したユニフォームや帽子を身につけていた。

彼らは「今日の心理学」「自分自身」「ピープル」といった類の雑誌は読まない。ハンティングや釣り、カー・レースといった野外活動により深い関心を示す。その日のニュースや天気、スポーツの結果に興味を抱くが、恋愛小説や自分を高めるための教養書などには、ほとんど見向きもしない。

そもそも男の関心は、人間とかフィーリングよりも、より具体的な〝事物〟や〝目標物〟に対して向けられているのである。今日、この地球上においてもそれは変わらない。女性がロマンスに夢を馳《は》せ、思いを寄せるのに対し、男性はスポーツ・カーや、より高性能のコンピュータ、新案の機器類といった技術革新の産物に夢中になる。そういった具体的な〝事物〟に飛びつくだけでなく、自らもそれらを創造することによって目標を達成し、実績を示して自分の能力を表現することに心を奪われている。

世の一般的な男性にとっては、目標を達成するということが、もっとも大切なのである。なぜなら、それが彼の能力を証明するもっとも有効な方法であり、そうすることによって自分に自信と誇りが持てるようになるからだ。

そのためには、あくまでも自分一人の力でなし遂げなければならない。他人の助けを借りて目的を達成できても、それは無意味なのだ。火星人は、すべてのことを独力でやり遂げることを標榜《ひょうぼう》する誇り高き人種なのだ。自主独立こそが、彼らの能力のシンボルなのである。

なぜ〝女のひと言〟は地雷になりやすいのか？

この特性を理解できれば、なぜ男が、自分がやっていることに女が口をはさんだり、訂正したりすることに対して激しく抵抗するかが、女性にも納得できるのではないか。

男に対して、頼まれもしないのに勝手に忠告をするということは、相手が何をしていいのかわからず、自分ひとりの力では何もできないと見なしていることになる。男というものは、そういう接し方にはとりわけ神経過敏になり、気分を害するのである。

自分の問題はすべて自分の力で片づけていこうとするために、男性はよほどの場合でない限り、その問題に関することを人前で口にしようとしない。せいぜい、その道の専門家に専門的なアドバイスを受ける時ぐらいである。

「自分ひとりの力でできるのに、なぜ恋人を巻き込まなければならないのだ？」

彼は、そう自分に言い聞かせ、かたくなに他からの干渉を拒絶する。その姿勢は解決をするのにどうしても誰かの手助けが必要となる時まで守り続けられる。自分の力でできることなのに他人から力を借りるのは、自分の弱さを自分でさらけ出すことだと認識しているからである。

それでも、もし彼が本当に誰かの助けを必要としているとすれば、それは自分の目標を達成するために、どうしても不可欠な知識や知恵を得たいと思っている時にほかならない。そういう場合、彼は自分が尊敬できる相手を探し出し、そこではじめて自分が抱えている問題を打ち明ける。

つまり、男性が問題に関して話をするということは、すなわちアドバイスを求めているということなのである。アドバイスを求められた相手は、すばらしいチャンスを与えられたことを名誉だと思う。自動的に、彼はミスター・フィクサーのユニフォームである帽子をかぶり、話を聞いて貴重なアドバイスを与えるのだ。

「アドバイスより、なぐさめがほしい」が女の言い分

女性が自分の悩みや問題について話をすると、男性はほとんど本能的に解決法を押しつけようとしてくる。相手の女性が何気なしに自分の落ち込んだ気持ちを見せたり、その日に起こった問題を口にしたりすると、男性は反射的に彼女が専門的なアドバイスを求めているのだと思い込んでしまうのだ。

女性からすれば、そんなことよりもただじっくりと話を聞いてもらい、やさしくなぐさめてもらいたいだけなのに、男性は直ちにミスター・フィクサーのユニフォームで身をかため、充分に話を聞いてあげる前にアドバイスを与え始める。これが、最愛の女性に対す

る彼流の愛情表現なのである。

彼は彼なりに心底から彼女の問題を解消してあげ、いい気分にしてあげたいと思っている。何とか役に立ちたいと望んでいる。そうすることが相手にとっての自分の価値を高め、愛情を深くしていくのだと信じているのである。

したがって、もし相手の女性が自分のアドバイスにもかかわらず、依然として落ち込んだ様子を見せたりしていると、男性は自分の提示した解決法を拒絶されたと感じ、自分が相手にとって役立たずな人間であると失望して、もはや女性の話に真剣に耳を傾けなくなってしまう。

彼には、相手の話をただ単に親身になって聞いてあげ、一緒になって悩んだり考えたりしながら情緒的な側面からの支えになってあげようなどという発想は、まったく湧いてこない。無理もない。それが「男である」ということなのだから。

恋愛や交渉ごとで女が〝一枚上手〟な理由

女性の価値観は、男性たちのそれとはまた違う。彼女たちは、愛、コミュニケーション、美しさ、人間関係をことのほか大切にするのだ。だから、お互いに支え合い、助け合い、そしてはぐくみ合うことに多くの時間をかける。彼女たちの人生に対する自己充足度は、フィーリングと人間関係の質に大きく左右される。相手との深い心の交流と親密な関係に生きがいを見出すのである。

だから、女性にとっては、近代的な高速道路や高層ビルをつくるよりは、お互いが愛し合い、協力し合って仲良く暮らすことのほうが、はるかに大切なのである。女性は仕事の成功とか科学技術の発展などより、愛情に満ちた人間関係をことのほか重視する人種なのである。

つまり、日常生活における価値観の大部分が、男性のそれとは正反対なのだ。

彼女たちは、自分の能力を誇示するためのユニフォームなど身につけていない。逆に、その日の感情に合わせて、さまざまな衣服を着分けることが最上の楽しみなのだ。独自の感性を自己表現することが、毎日の非常に重要な目的なのである。気分が変われば、その日のうちに何度も着換えをすることだってある。

彼女たちにとって、人生でもっとも大切な根本原理はコミュニケーションである。自分の思いを誰かに伝え、分かち合うことのほうが、目的や成功を達成するよりもはるかに大切だと思っている。とりわけ、最愛の異性と四六時中、時と場所を共有し、話し合い、心を通じ合わせてお互いの関係を確認することが、幸せに満ち足りた人生を実感できる最大の源なのである。

これが男性には、なかなか理解できない。

自分が競争に勝ったり、難解な問題を解いたりして一つの目標を達成した時に感じるのと同じ気持ちを、彼女たちは心の通った人間関係を実感できた時に持つのだということがわからない。目標達成志向ではなく、心の触れ合い志向の彼女たちは、自分の愛情や親切心、やさしさを表現することを愛するのだ。

男性は、仕事や事業計画などに関して話し合うためにビジネス・ランチをとる。そして、彼らは食事をとるもっとも効率のいい方法は、レストランへ行くことだと考えている。そうするほうが材料の買い出しや調理、食器洗いや後片づけをする必要もなく、合理的だからである。

一方、女性にとっての昼食は、他の人々との親交を深める絶好のチャンスとなる。親しい友人の心の支えとなり、あるいは逆に自分を支えてもらうための場と考えている。したがって、その時の女性同士の会話は、まるでセラピストと患者の間で交わされるような、心を開いた親密なものとなる。

恋愛や交渉ごとに関しては女性のほうが一枚上手《うわて》かもしれない。金星では、誰もが心理学を勉強し、少なくともカウンセリングに関する単位は全員が取得している、とでも言いたいくらいだ。彼女たちは、個人的な成長に非常に興味を示し、精神的に高まることに人生の意義を見出している。

〝男の感受性〟で〝女の助言〟を解釈すると……

つまり、女というものは、直観的な人種なのである。

〝女類〟たちは、この能力を何世紀にもわたる他人の要求や悩みに対する心配り、親身になっての相談を通して培ってきた。そして、そういう自分たちの思いやりの精神に誇りさえ抱いているのである。誰に頼まれることもなく、自発的に同性にも異性にも助けの手を差しのべることこそ至上の愛の証だとすっかり信じ込んでいる。

女性たちは、他人に助けの手を差しのべることに何の悪気も感じていないし、誰かに助けを求めることも、けっして自分の弱さをさらけ出す行為だとは考えない。

しかし、男は違う。頼みもしないのに女からよけいなアドバイスや助けを受けるということは、自分の能力が信頼されていないということであり、自分が非難されていると受け取ってしまうのだ。

女性の側は、こうした男性の感受性がわからない。彼女からしてみれば、それは内なる声の命ずるまま、いわば習慣どおりに、ごく普通の行動をとっているにすぎないからである。そうすることで愛され、望まれていることを実感している。

だが、男性はこうした女性からの愛情表現は自分を無能で弱い者と見なし、さらには愛していないことの証であると受け取ってしまう。

女性にとっては、アドバイスや意見を与えるということは愛情表現のサインなのだ。物事が順調に進んでいる時にも適切なアドバイスや意見を交換すれば、よりよい結果が得られると固く信じている。何事に関しても進歩させたいと強く欲するのが彼女たちの本性なのだ。したがって、自分が愛情を注いでいる人間に対しては、ごく自然にアドバイスや意見を与えるのである。

男性の意識は、まったく違う。男の脳は、問題解決志向型にできている。もし、物事が順調に進んでいるのなら、そのままのペースで推し進めていくのを彼らはモットーとしているからだ。順調に運んでいる物事は、放っておくというのが彼らの本能だ。「それが破綻しない限り手直しをしないこと」というのが、ごく常識的な考え方とされている。

女性が最愛の男性に対して、よりよくなってもらおうと願い、そう働きかけても、相手は自分を変えようとよけいなことをされているのだとしか受け取ってくれない。「現在のあなたは破綻してしまっている」というメッセージを送られたと思い込んでしまうのだ。

だが、彼女にしてみれば、自分の愛情に満ちた思いやりの助言が、相手を侮辱してしまっているとは思いもよらない。最愛の男性をなおいっそう成長させるためには、自分の助けが不可欠だと誤解したまま、より深い愛情を注ぎ込もうとする。

このくい違いが、男女間のトラブルを招く根本的な原因なのである。

知らないうちに〝男のプライド〟を傷つけていませんか

女性が男性の本性を理解しないままつきあっていくと、知らないうちに最愛の彼を攻撃し、傷つけてしまっていることがある。

わかりやすい例を紹介しよう。

トムとメアリーは、あるパーティへ出席するために会場へ向かって車を走らせていた。運転をしているのはトムである。やがてメアリーは、自分たちの車がこの二十分ほど同じ界隈を何度もウロウロと回っていることに気がついた。トムは道に迷ってしまったようだ。

そこで彼女は、当然彼も自分の助けを待っているのだと思い「誰かに道を聞いてみたら」と言った。するとトムはすっかり押し黙ってしまい、彼女と口をきかなくなった。結局、彼らは無事にパーティ会場に到着することができたが、その気まずい空気は一晩中晴れなかった。メアリーには、なぜトムがそれほど気分を害したのか、その理由が最後までわからなかった。

彼女の側からすれば「私は愛するあなたをいつも気にかけているから、困っているのを見て助けたかったのに」というところであろう。

だが、彼にとっては、それはよけいなお世話なのである。それどころか「あなたってやっぱりダメな人ね！　あなたに任せておいたら、いつまでたっても目的地に着けないわ」と攻撃されたと思うだろう。

メアリーは、誰の助けも借りずに目的を遂行することがトムにとっていかに大切なことなのかを、知らなかった。アドバイスをしたり意見を差しはさむということは、彼にとって最大の侮辱だったのである。

私たちが学んできたように、男は一般的には、相手からの求めがない限り、けっしてアドバイスなどしない。助けを求めない限り、相手は独力で問題を解決できるという前提に立って接することが、人生のマナーなのだ。

メアリーは、トムが道に迷い、同じ界隈を何度もグルグルと回っていた時、それが彼に対して愛情を示す特別のチャンスであることにまったく気がつかなかった。彼は、あの時、とりわけ心が傷つきやすく、特別の思いやりを必要としていたのに。

そんな時、ひと言も口をはさまず、そっとしておくことこそ、男性が女性に美しい花束を贈ったり、甘い言葉がいっぱいに詰まったラブレターを書き送ったりするのとまったく同等の価値ある贈り物になるのである。

金星人と火星人との違いを学んだ後、メアリーはトムがこのような厄介な状態にある時にふさわしい対処法を身につけた。次にまた彼が運転中に道に迷った時、彼女はよけいな口出しをする代わりに、じっと自分を抑えることができた。大きく深呼吸をして気持ちをリラックスさせ、トムが自分のために必死になって迷い道から脱け出そうと努力している様子を見守り、良い結果を心の底から信じて待つことができるようになった。トムは、彼女のそうした温かい心づかいと信頼心に対して、深く感謝するようになった。

ふつう女性は、頼まれもしないのに男性に対してよけいな口出しをしたり救いの手を差しのべようとする時、それがいかに相手のプライドを傷つけ、不快感を与えているか、まったくわかっていない。たとえ彼女が愛や思いやりから、その行動をとったとしても、それは彼を深く傷つけてしまうのだ。子供扱いされたと感じたり、もしくは自分の父親が母親にしょっちゅう批判されているのを目撃してきた経験があったりする場合、彼の反発は、とりわけ強いものとなる。

男性にとっては、パーティ会場やレストランへ運転していくというような小さなことでも、自分ひとりの力で目的を達成できるのだという証明をすることが大切なのである。

皮肉なことに、彼らは大きな目標に対する時よりも、ごく些細な物事に関して、より神経過敏になる。

「もし、自分がパーティ会場へ迷わず無事に運転していくということでさえ信頼されないのなら、大きな問題を抱えた時には、もっと信頼されないに決まっている」

彼らは、自分がいかなる点においてもエキスパートでありたいと強烈に願っている。とりわけ、機械類の修理とか目的地へ到着するとか、あるいはトラブルを解決するとかいうことに関してはプライドを懸けて挑むのだ。

こうしたことに対処している時、彼らはとくに最愛の女性からの批判や無神経なアドバイスを嫌う。愛情と信頼に満ちた〝受け入れ〟を必要とするのである。

〝女心は複雑〟は、けっこう簡単に解明できる

同じように、もし男性が自分と女性の違いについて理解していなければ、彼は相手を助けようとすればするほど、すなわち愛情を注げば注ぐほど、二人の関係を悪化させていくことにもなりかねない。

男性の側は、女性が悩み事やトラブルについて話をする際、彼女が必ずしも問題解決を望んでいるのではなく、ただ親身になって聞いてもらいたいと強く願っているのだということを覚えておく必要があるのだ。

女性は夫が帰宅すると、一日の出来事、とくに不快だったことやトラブルなどについてしゃべりまくる。しかし、それはほとんどの場合、ただ単に話に耳を傾け、自分の気持ちを理解してもらいたいだけなのである。解決策を教えてくれとは言っていない。実は、このことが彼女にとってはもっとも大切なのだ。

じっくり話を聞いてくれ、相槌《あいづち》を打ってくれる相手を彼女は求めているのだ。そこに夫

は気がつかず、相手に救いの手を差しのべているつもりで、充分に話も聞かないうちに彼女の話をさえぎり、解決策を示そうとする。そして、相手が自分の好意に対して少しも嬉しそうな様子を見せない理由など、まったくわからないのである。

たとえば、共稼ぎ夫婦のメアリーが一日の仕事を終え、疲れ切って帰宅したとする。彼女は、夫のトムにその日の出来事を話して自分が味わっている感情を理解し、共有してほしいと思う。ただ静かに話を聞いてくれ、自分の気持ちを理解し、同情してくれれば気がすんでしまう。今日一日の疲れをたちまちいやしてしまうような、たったひと言を期待しているのだ。

「あまりにもやらなければならないことが多すぎて、自分の時間が少しも持てやしないわ」と彼女は言う。するとき、彼からは次のような答えが返ってくるのだ。

「それなら仕事を辞めなければダメだ。何もそんなに一生懸命働くことはないじゃないか。ほかに自分の好きなことを探せばいい」

それに対して彼女はこう言い返す。

「私は自分の仕事が好きなのよ。ただ、同僚や上司たちが一度に私に多くのことを片づけさせようとするから困ってしまうの」

「彼らの言うことをまともに聞かなければいい。自分のできることを自分のペースで一つひとつ片づけていくようにしなさい」

と、トムは忠告する。メアリーは、再び言い返す。

「そうしてるわよ！　それでも、今日みたいに叔母の家を訪ねなければならなかったことを完璧に忘れてしまうほど忙しいんだから……」

「そんなに心配することはないよ。叔母さんはきっと事情をわかってくれるさ」

トムは言い聞かすが、彼女はこう反論する。

「叔母がいま大変な状態だって知ってるでしょ？　彼女は私を必要としているの」

これに対して、トムは再び意見する。

「君は何事につけ、気を回しすぎるんだ。だから、いつも不幸な気分で、いらいらしているんじゃないか」

メアリーは、怒りを込めてこう叫ぶ。

「いつも不幸な気分で暮らしてなんかいやしないわ。それよりも、私の話をちゃんと聞いてちょうだい！」

トムは答える。

「ちゃんと聞いているさ！」

「それじゃ、なぜ私の言うことをうるさそうに途中でさえぎったりするの？」

二人の言い争いはエスカレートする一方だ。この会話の後、メアリーは帰宅直後に夫との親密な心の交流を望んで話を始めた時以上に欲求不満が募り、失望感でいっぱいになった。

トムもまた、同じような気持ちに陥ったが、何が二人の仲をそうさせたのか、まったく見当がつかなかった。彼は、心底から自分の妻に救いの手を差しのべようとしたのだ。にもかかわらず、せっかくの解決策を相手はことごとく拒絶してきた。その理由が、トムには理解しようがなかったのである。

男のここを女は〝包容力〟と呼ぶ

トムは、「ただ相手の話を聞いてあげる」ことの重要性というものが、まったくわかっていなかった。彼が良かれと思ってしたことは、かえって事態を悪化させてしまったのだ。

メアリーの話をただじっくりと聞き、気持ちをわかろうとすることがいかに彼女を救い、充実感を与えるか、トムははじめのうち、まったくわかっていなかった。しかし、彼が「話を聞いてほしい女性の気持ち」を理解し始めると、二人の関係は変わっていった。

メアリーが心身ともに疲労して帰宅した後に二人の間で交わされる会話は、以前とはまるで違ったものとなった。次のような調子で展開されるようになったのだ。

まず、メアリーが言う。

「もう忙しすぎてかなわないわ。やらなくちゃいけないことが多くて、自分の時間なんか全然ないわ」

それを聞いたトムは、大きく深呼吸をして自分をリラックスさせ、こう答える。

「そうか。それは大変だったね」

相手が自分の話に耳を傾け、同情を示してくれたことを確認したメアリーは、自分の感情を一気にまくしたて始める。

「会社のみんながね、私に一度に急ぎの仕事を頼んでくるのよ。そんないち時《どき》に全部できるわけないじゃないの。もう、どうしていいかわからなくて、腹が立って仕方がなかったわ……」

トムは無言でうなずきながら話を聞いている。たまに「うん、うん」とか「本当かい」という調子で相槌を打つ。すると、メアリーはますます意を強くする。

「叔母の家へ行かなければならなかったことも忘れてしまったのよ」

トムは、少しばかり眉をひそめて同情の念を強調しながら「それは、ないよな」と答える。メアリーは、さらに訴えかける。

「彼女にはいま、私が必要なのよ。私が行ってあげなければならなかったのに……。だから、とっても嫌な気分なの」

さんざん話を聞いた後、トムはこうとどめを刺すのである。

「君の気持ちはよくわかっているよ。こっちへおいで」

トムはメアリーをやさしく抱き寄せ、彼女は彼の腕の中で大きな安堵の息をついて身も心もリラックスさせる。そして、トムに向かって素直に感謝する。

「あなたに話して本当によかった。聞いてくれてありがとう。おかげですごく気分がよくなったわ」

メアリーばかりではなく、トムもまたいい気分になることができた。

彼は、ただ単に話を聞いてあげるだけで妻がいかに幸福を感じるかを知り、非常に驚いた。

二人ともお互いの違いに気づいたことで、トムは問題の解決策を与えようとするのではなく、ただ相手の話を聞いてあげる知恵を学んだ。そして、メアリーもまた相手のすることによけいな口出しをせずに自由に放っておく知恵を身につけたのだ。

もっとも犯しやすい「男と女のすれ違い」

私たちが異性との人間関係において、もっとも犯しやすい二つの誤りを要約すると次のようになる。

1　男性は、愛する女性が悩みや心配事を抱えている時に、調停屋、つまり〝ミスター・フィクサー〟になろうとする。そして、独善的な問題の解決策を押しつけ、彼女の気持ちを変えようとする。しかし、それは彼女の感情をまったくないがしろにすることとなり、少しも歓迎されない。

2 女性は、親しい男性が何か誤りを犯した時、〝教育委員長〟になろうとする。そして、頼まれもしないのによけいなアドバイスや批判をして彼の行動を変えようとする。しかし、それは男性の自立心や誇りをいたく傷つけることとなり、かえって反発を呼ぶだけの結果に終わる。

とはいえ、私は何も〝ミスター・フィクサー〟と〝教育委員長〟になることのすべてが誤りであると言っているのではない。男性も女性も、精いっぱい相手のことを思っているからこそのすれ違いなのだ。ただ、そのタイミングと方法が誤っているだけのことである。

女性の側からすれば、自分が精神的に落ち込んでいない時に相手が〝ミスター・フィクサー〟の特性を発揮してあれこれ問題の解決策を説いて聞かせても、けっして失望したりはしないだろう。感謝さえするかもしれない。

つまり、女性が精神的に落ち込んでいる時に必要としているのは、解決策を教えてもらうことではなく、ただ自分の話を聞いてもらうことなのだ。そうしてくれさえすれば、彼女はしだいに自力で精神的に立ち直っていく。ほかの誰からも指示を受ける必要はない。

一方、男性の側からすれば、自分から相手の女性に対して相談を持ちかけた場合には、彼女による〝教育委員長〟ぶりを歓迎するはずである。

つまり、女性は彼が何か誤りを犯した時によけいな忠告や批判をすることで、相手のプライドをひどく傷つけてしまうということを、よく心得ておく必要がある。彼は、彼女のよけいな口出しよりも、自分を信頼し、そっと放っておいてくれることを望んでいるのだ。

女の感情を逆なでする〝男の決まり文句〟

自分の解決策に相手の女性が抵抗を示すと、男性は自分の能力が信頼されていないのだと感じる。その結果、相手を守ってあげようという気持ちは急激に減っていき、その話を聞こうとする気持ちも失せていく。

しかし、女性がそもそもは金星人であったことを思い出せば、このような状況にも陥らず、なぜ彼女が拒絶的な態度をとるのかもわかる。つまり、相手が具体的な解決策を求めているのではなく、ただ共感し、自分の話を聞いてくれることを望んでいる時によけいな口出しをしてしまったのだろうとわかるからである。

そこで次に、女性がそのような気持ちでいる時に男性から口をはさまれ、感情を損ねてしまう心ない台詞《せりふ》の例を掲げておくことにしよう。こういった言葉を彼女に向かって投げかけると、たちまち相手は気持ちをかたく閉じ、抵抗感を示すようになる。

1「そんなこと、ちっとも心配する必要ないじゃないか」

2「君が言うほど大きな問題ではないと思うよ」

3「君はそう言うけど、僕はまったくそうは思わないね」

4「わかった、わかった。悪いけど、もうそのことに関しては忘れたほうがいい」

5「文句ばかり並べていないで、実際にやってみることだね」

6「そんなに落ち込むなよ。僕は何もそういうつもりで言ったんじゃないよ」

7「だから、どうだっていうんだよ」

8「でも、そんな風に感じてはダメなんだ」

9「なぜ、そういうことを言うんだ。先週、僕は一日中、君と一緒にいたじゃないか。とても楽しかっただろ?」

10「わかった、わかった。もう忘れよう」

11「よし、僕が庭を掃除する。それで君は気がすむんだろ?」

12「君が言いたいことはよくわかった。そういうことなら、君はこうすべきだ」

13「よく考えてみるがいい。このことについては僕たちはどうすることもできないんだぜ」

14「もし、君がそれほど不満なら、やらなければいいじゃないか」

15「なぜ君は他の人間に対してそんなつきあい方しかできないんだ？　だから、そんな目に遭うんだよ。直さなければいけない」

16「もし、君が不幸だと思っているのなら、僕たちは離婚したほうがいい」

17「もういい。それだったら、これからは君が好きなようにやればいいじゃないか」

18「もちろん、僕は君のことを思っているよ。そんなことを言うのは馬鹿げている」

19「いったい君は何を言いたいんだ？　とりとめもない話ばかりしないで、要点をかいつまんで話してくれ」

20「問題の本質は、君の言っていることと関係ないんじゃないか」

こんな言い方は、女性の感情を逆なでし、相手の反感を招くだけである。

男性がこのパターンを変えるには、まずここに掲げたような言い方を止めることだ。いずれにしても、女性の感情をなだめるためには、相手の話を黙って聞いてあげることである。

ひとりよがりの思いやりや愛情表現をやめ、とにかく相手の話を聞いてあげるようにすれば、彼女は悪感情を軟化させ、感謝さえするようになるという経験を積むことができるはずである。

二人の間にとどめを刺す、女のこんな〝言葉のナイフ〟

さて今度は、女性が「良かれ」と思ってする「忠告」が、いかに最愛の男性を傷つけてしまうかという例をいくつか掲げていくことにしよう。

1「なぜ、そんなものを買おうなんて言い出すの？　うちに一つあるじゃないの」

2「食器を戸棚に片づけてくれるのはいいけど、まだ濡れたままでしょ。これじゃあ、まだらに乾いてしまうわよ」

3「ほらほら、あそこに駐車できる場所があるじゃないの。早く車をUターンさせてよ」

4「あなたはいつも自分の友だちばかり大切にするのね。この私はどうなってしまうの？」

5「何をそんなにあくせく働くの？　一日ぐらい休んだらどうなの？」

6「そんな所に置かないで。いつもなくすんだから」

7「無理しなくていいわ、ちゃんと修理業者を呼びましょうよ。そうすれば、完璧に直してもらえるわ」

8「なぜ、私たちがこんなに待たされなきゃいけないの？　あなた、しっかり予約をしておいてくれたの？」

9「あなた、もっと子供たちと遊んであげなければダメよ。淋しがっているんだから」

10「あなたのオフィス、汚ないわね。よくこんな所で仕事をする気がするわね。いったい、いつ掃除するつもりでいるの？」

11「あなたはまた、家へ持って帰ってくるのを忘れたのね。どこか忘れないような所に置いておいたらどうなの？」

12「あなたの運転、スピードの出しすぎよ。もっとスピードを落とさないと違反でつかまっても知らないわよ」

13「ああ、つまらなかった。今度映画を観る時は、ちゃんと評判を聞いてからにしましょうね」

14「あなたがどこにいるのか、私にはわからなかったのよ（あなたのほうから私を呼んでくれればよかったのに）」

15「あなたは、私のことなんかちっとも気にならないのね。私だったら、あなたと昼食に行くためなら、どんなことを差しおいても最優先させるわ」

16「あなたの道具箱の中、めちゃくちゃになっているから私、何も見つけることができないわ、きちんと整理して！」

私は女性に、これからの一週間、パートナーに一切よけいなアドバイスや批判を加えるのを慎むことを勧めたい。そうすれば、あなたの恋人や夫は、それに感謝し、あなたをよりいたわるようになり、物わかりも良くなって、あなたは驚くことだろう。

3
章

Men are from Mars, Women are from Venus

男は分析して満足する、女は話してすっきりする

……言葉が愛を生む、憎しみを生む

男女間の違いでもっとも大きいのは、ストレスの対処法である。

ストレスと直面した時、男性は、ストレスの種となっている問題を解決することにより気持ちを取り直し、女性はその問題に関して話すことによって気持ちを切り換えようとする。

女性にとって、自分の問題を他人と分かち合うことは、けっして相手に負担をかけることではなく、愛情と信頼の印《しるし》なのだ。女性は問題に巻き込まれ、悩んだり苦しんだりすることを少しも恥と考えないからである。

女性は愛情に満ちた人間関係を何よりも大切に考える。だから、絶望、混乱、困惑、疲弊、苦悩といった否定的な感情を心を許した相手の前に平気でさらすことができる。むしろ、オープンにするのが当然でさえあるのだ。

男は新聞やスポーツ観戦で〝モード変換〟する

男性はストレスがたまると自分の心の穴の中に引きこもり、問題を解決することに全神経を集中する。そして、そのたった一つの問題の解決に専念するために、他のことは一時的にすべて忘れ去ってしまう。

このような時、彼は自分の殻の中にこもり、目前のストレス退治に心を奪われてしまうので、他人に対してはよそよそしい態度となり、話の受け応えもほとんど上の空になる。たとえば、恋人が彼と公園で会話を交わしていても、彼の心の九五パーセントはトラブルをやっつけることに夢中で、わずか五パーセントほどが彼女との関係に向けられているようである。体は彼女の目の前にあっても、心はここにあらず、といった状態なのだ。

このような時には、彼は女性に対して普段と変わらぬ気づかいをする余裕はない。完全に一つのことに心を奪われ、自分自身を失っているのだ。しかしながら、もし、解決法を発見することができれば、彼はたちまちいい気分になり、こもっていた穴の中から飛び出してきて、いつものような関係を結ぶことができる。

しかし、満足すべき解答が得られないと、いつまでも穴の中にこもり続けることになる。そして、しばし、そのことを忘れるために新聞を読んだり、テレビを見たり、車を運転したり、運動をしたり、サッカーや野球の試合を観戦したりするのである。このような活動的な気晴らし作戦は、はじめのうちは彼の心の五パーセント程度を占めるだけだが、しだいに問題を忘れ、頭と心を解放する手助けをしてくれる。

その結果、次の日になると、彼は新鮮な気持ちで再び問題と取り組むことができるようになり、より効果的な解決策を発見できたりするのである。

ジムの例を見てみよう。

彼は、いま抱えている問題を忘れるために、新聞に目を通す。新聞を読んでいる時、彼はもはや、その日抱えているもっとも深刻な問題と全面的に直面してはいない。

はじめのうちは全神経の五パーセント程度の集中度だが、しだいに彼の関心は世界の出来事に向けられていき、頭と心がそれに奪われていく。やがて、自分自身が抱えている個人的な問題を忘れ、〝国際状勢〟のことで頭をいっぱいにすることができるのである。

このようにして、彼は神経を自分の仕事から世界中で起こっているさまざまな問題（彼には、何ら直接的な責任があるわけではないが）へと移行させる。そのプロセスが仕事のことばかりに心を奪われっ放しになりがちな男性の内面を解放し、再び恋人や妻のほうへも注意を向けさせる役割を果たす。

トムは、ストレスから解放され、心をリラックスさせるためにフットボールの試合を観戦している。彼は、自分のひいきチームの動きに見とれることで、自分自身の問題に奪われている心をしばしの間、解放しているのだ。

そして、応援するチームが得点したり、試合に勝った時、彼は成功の気分にひたることができるのだ。ひいきチームが負けた時には、あたかも自分自身が敗北したかのような惨めな気持ちになる。

どちらの場合も、彼の心は、ついさっきまで悩まされていた個人的な問題の束縛から自然に解き放たれているのである。

命令口調で〝愛される権利〟を主張していませんか

男性は、自分の穴の中にもぐり込んでいる時、最愛のパートナーに気をつかう余裕がない。だが、相手の女性には、なかなかそれがわからない。なぜなら、彼女には彼がどれほど大きなストレスに悩まされているか、思いもよらないからである。

もし、彼が帰宅すると毎日、必ず自分が抱えている問題についてこと細かに打ち明けるような人間なら、彼女はおそらくもっと同情的になれるだろう。だが、現実には彼はけっして自分の気持ちを話そうとはしない。だから、彼女は自分が無視されているのだと感じるようになる。

一般的に女性は、男がストレスとどう闘っているかを知らない。その方法について理解することもできない。女性は彼らに自分たちと同じように心をオープンにし、自分の悩み事をすべて打ち明けてくれることを望む。

したがって彼が自分の穴の中にこもると、その心を閉ざした振舞いにいらだち、憤るのである。彼が自分の存在を無視してテレビのニュースを見たり、ひとりで外出し、バスケットボールに興じる姿を見て、彼女はひどく心を傷つけられる。

自分の穴の中に引きこもっている男性に対して、直ちに心を開放し、何でも打ち明けさせようとするのは、問題を抱えて悩んでいる女性に向かって、口を閉ざし、冷静に判断しろというのと同じように非現実的なことである。

男性に対して、常に愛情にあふれたスキンシップを求めることは、女性に対して常に理性的、論理的に物事に対処することを期待するのが無理なように、しょせん大きな間違いだというわけだ。

彼女は、自分にちっとも気をつかってくれない、その薄情な男に対して、あたかも自分の「愛される権利」を声高に主張したくなるかもしれない。でも、忘れないでいてほしい。彼のその不誠実に映る態度は、彼が問題解決のさなかにいるのだということを。そうすれば、女性は彼に抵抗する代わりに協力することができるようになる。その結果、自分が望んだ形で、相手の愛情を得ることができるのである。

一方、男性の側も自分が穴の中に閉じこもることがいかに相手との間に距離を置いてしまうかに気づいていない。男が穴に閉じこもってしまった時の女性に及ぼす影響の大きさを心得ていれば、女性の疎外感や淋しさを理解でき、それなりの思いやりある対応を示せるはずなのだ。しかし、そんな知識のない男性は自らを守ろうとし、激しく言い争ったりするのである。

女が〝すねた気分〟になった時、口にする不満ベスト5

そこで次に、女性が男性に抱く不満の中でいちばん多いものを掲げてみよう。

1「あなたは私の言うことをちっとも聞いてくれない」

女性がこんな文句を言うと、男性は「それはどういう意味だ。僕は、君が言ったことはすべて聞いているよ。なんなら同じことを繰り返してみせようか」と反論する。男性は、たとえ自分の穴の中に閉じこもっていても、全神経の五パーセントは彼女の声に注意を向け、言葉を記憶することぐらいはできる。彼は、この五パーセントの神経集中度で相手の話に耳を傾けたことで「話を聞いてやった」と考えるのだ。

しかし、彼女が求めているのは、百パーセントの注意を自分だけに向かってフルに払うことなのである。

2「まるであなたは〝心ここにあらず〟って感じね」

女性が不安感を訴えると、男性は「〝心ここにあらず〟とはいったいどういうことだ？もちろん、僕の心はここにあるさ。君の目の前にいる僕が目に入らないのかい？」と反論する。彼は、体さえその場に置いていれば、彼女にそんなことを言われる筋合いはないと考えている。しかしながら、たとえ彼の体が彼女の目の前に存在していたとしても、心ここにあらずの状態でいては相手は満足できない。女性が訴えているのは、そういうことなのである。

3「あなたは私のことなんか、少しも思ってくれていないのね」

女性が不満をぶつけると男性は「そんなことないさ。もちろん、君のことを何よりも大切に考えているよ。君にはなぜ僕がいま、この問題を解決しようと頭を悩ましているのか、わかっていないのかい？」と答える。彼は、自分が抱えている問題の解決に全力を傾けることが、結局は彼女のためにもなるのだと考えている。そのことを、彼女も理解すべきだと思っている。しかし、彼女が望んでいるのは、彼のやさしく思いやりに満ちた言葉や態度なのである。

4「私はもう、必要とされていないのね」

女性がこんな駄々をこねると、男性は「馬鹿なことを言っているんじゃない。もちろん、大切に決まっているじゃないか」と言い返す。彼は、そういう彼女の感覚はまったく論拠のないものだと相手にしない。なぜなら、彼は二人がうまくいくために問題を解決しようとしているからだ。男性は、自分が重大な問題を抱えている時、えてして他のことは目に入らないものである。しかし、それによって相手の女性が無視されていると感じていることには、まったく気づいていない。

5「あなたには情というものがないのね。いつも理屈ばっかり」

男性は「それで何が悪いというんだ。じゃ、君はこの問題をほかのどういう方法で解決しろというのだ？」と聞き返す。彼は、彼女があまりにも自分に対して批判的で、要求が多すぎると思っている。なぜなら、彼は問題を解決するために「もっとも重要で本質的なこと」に全力を傾けているのだ。それを、相手は少しもわかってくれていない。加えて、男性は彼女の感覚の妥当性をまったくわかっていないのである。

一般的に男性は、女性たちの温かく情のこもった気持ちが、まったく一回転して、すねた気持ちへと変わってしまうことがあるということを、まったくわかっていない。

たまったストレスを吐き出す女の〝非常口〟

女性はストレスがたまると、自分の感情について話したくなる。そして、ひとたび彼女がしゃべり出すと問題の重要性に関係なく、ただアトランダムにさまざまなことについて自分の感情をぶちまけ始める。話の優先順位などおかまいなしだ。もし、彼女が精神的なパニックに陥っていれば、話はよけいに支離滅裂になっていく。

彼女は別に、すぐ問題の解決策を手に入れたいわけではない。むしろ、自分の感情を表現することで相手に理解してもらい、自分なりに救われた気持ちを得ることのほうが先決だ。つまり、自分が悩まされている問題を聞いてくれる相手に、手当たりしだいに感情をぶつけることで、女性の心の重荷はしだいに軽くなっていくのである。

つまり、〝グチを言う〟ことによって、救われた気持ちになれるのである。同時に、このようなプロセスを経た結果、自分を本当に苦しめている問題が何であるかを発見することもでき、それによっていつもの自分に戻ることができるのである。

精神のやすらぎを得るために、女性は過去、現在、将来のあらゆる心配事を言葉にして吐き出す。たとえ、どうにもならないとわかっているテーマでも、口に出さなければ気がすまない。話せば話すほど彼女は気持ちが楽になっていく。これが女性の救われ方である。そして、その時、パートナーに自分の話に耳を傾けてもらえた、理解してもらえたと実感できた時に、女性のストレスは一気に解消していくのだ。

だから、一つのテーマについて話し終えると、彼女はしばらく間を置いてから次のテーマへと移っていく。この方式で彼女は自分の問題や心配事、失望や欲求不満を次々とぶちまけ続けていくのである。順番などどうでもいい。論理的に矛盾していようがかまわない。

手当たりしだいに聞き手に向かって話し続ける。

それでもまだ、相手が自分を理解してくれていないと感じると、彼女の気分は悪化していく一方となる。そして、もっと深刻な苦悩を招いてしまうのだ。

自分の穴の中に閉じこもった男性が気持ちをまぎらすために別の問題を必要とするように、自分の話を聞いてもらえていないと感じている女性は次々と問題を持ち出し（急な解決を必要としないテーマでも）、話を聞いてもらって情をかけられるまで、延々と訴え続けるのである。

自分自身の痛みを忘れるために、彼女は他人の問題にもやたら首をつっこみたがり、感情移入に心を砕く。しかも、彼女は自分のまわりの問題——友人や家族、親類について話し合うことによって、救われた気分にひたれるのだ。

いずれにしても、それが自分自身の問題であるにせよ、他人の問題であるにせよ、話し合うという行為は、とても自然で健全なストレス対処法なのである。

〝おしゃべり〟は女の何よりの清涼剤

男性は、次の二つの理由以外には問題について話すことはない。誰かを責める時か、あるいはアドバイスを求める時である。もし、女性がひどい興奮状態で問題をぶちまけてくると、彼は自分は責められていると勝手に思い込む。そして、比較的冷静な態度で語りかけるとアドバイスを求められていると判断する。

もし、彼女がアドバイスを求めていると判断すると、彼は〝ミスター・フィクサー〟の帽子をかぶり、問題を解決してあげようとする。もし、彼女が自分を責めていると感じると、彼は剣を引き抜き、相手の攻撃から身を守ろうとする。

どちらの場合も、彼は相手の話を聞くのが至難の業であることをすぐに思い知らされるはめになる。

もし、彼が充分に知恵が回り、相手の話に耳を傾けることができるのなら、彼女はたとえしばらくの間、彼に対する不満を訴えていても、やがてテーマを他の問題点へと変えていくに違いない。

男性はまた、自分が何もしてあげられないような問題について語りかけられた時には、ことさらフラストレーションを感じる。たとえば、女性はストレスにさいなまれると次のような不平不満を口にする。

- 「私は、自分がやっている仕事に見合っただけの給料をもらっていないわ」
- 「叔母はどんどん病気が悪くなっているの。毎年、病状が重くなっているのよ」
- 「家が狭すぎて嫌になるわ。なんとかしてよ」

●「雨が全然降らないから空気が乾ききっているわ。いったい、いつになったら雨が降るのかしら？」
●「うちの預金通帳、ほとんどマイナスの状態になってしまったわ」

女性は、自分の心配や失望、欲求不満の気持ちを、こんなコメントとして表わす。彼女自身、不平を口にしたからといって何の解決にもならないということを充分に承知してはいる。

しかし、少しでも精神的に救われようと口に出さずにはいられない。聞いてくれる相手が自分の気持ちを理解してくれたり同情してくれれば、それで気がすむのである。

だが、彼女がそういう心理状態に落着くまで話し続けている間に、パートナーがフラストレーションを募らせ、気分を害してしまっているとは夢にも思っていない。

男性が女性の話に耳を傾けることに抵抗を覚える理由は、彼がまず問題解決のために話の要点を知ろうとすることである。話の要点を自分なりに把握しなければ、自分が何をしてあげられるかがわからない。

にもかかわらず、女性は話の要点を簡潔にまとめるどころか、取りとめもなくダラダラと話し続けるのだ。彼女が詳しく語ろうとすればするほど、彼のいらだちは募り、耳を傾けるのが耐え難い〝作業〟となる。

もし、彼が女性というものは、ただ話を聞いてもらうだけで充分に救われるのだと知っていれば、それほどフラストレーションをためる必要もないのだ。それを、話の隅々まで聞き、理解して適切な解答を出そうとするから、頭を混乱させるばかりになってしまう。いくら頭を働かせても、女性のほうからすれば、はじめから何の脈絡もない話を思いつくままに口にしているわけだから、まとまりがつくわけがない。

女の〝あやふやな話し方〟に男は耐えられない

男性が、問題を解決していく過程において複雑に込み入った話のディテイルを「分析」していくことで満足感を得るように、女性は問題のディテイルをこと細かく「説明する」ことによって満足を得る。

こうした男性と女性との違いを心得ていれば、彼はリラックスした状態で相手の話に耳を傾けることができるはずなのである。

だから、女性は、まず前もって話の要点（結論）を伝えるようにし、それからじっくりと詳細部分の説明に入っていくこと。そうすれば、相手に自分の話を親身になって聞いてもらえるはずだ。そうすれば、男性は話を論理的に理解することができるので、話を真剣に聞いてくれるだろう。

だが女性は、一般的にそうではなく、あやふやな話し方をしようとする。そのほうがより感情を話の中に込められるからである。聞き手が女性の場合はこんな話し方が歓迎されるが、男性には耐えられない。ひどいフラストレーションに襲われることになる。

彼が彼女に対して示す反感は、話の内容の理解度に反比例して大きくなる。つまり、相手の話がちんぷんかんぷんで何を言いたいのかわからなくなればなるほど、その反感は激しくなっていくのだ。

コツさえつかめば、女はすぐに〝気分転換〟できる

もう、おわかりだろう。たとえ女性が男性を責めたり批判したりしているように見えても、それは一時的なものであることを。そのまま黙って話を聞いてあげていれば、女性はやがて気分を良くし、感謝さえする。こちらの言動に対しても、前よりずっと寛容になる。

その結果、男性は、自分の恋人やパートナーのヒステリックな態度は自分の接し方に一因があるのではないことを認識し、心の安定を得ることができる。

大多数の男性は（女性の中にも多いが）、自分が悩まされている問題を誰かに話すということが、いかに心をいやしてくれるかという経験をしていないために、その必要性がよくわからない。

自分の話を聞いてもらえたと実感できた女性が、すぐに心を晴らし、気分転換させて前向きに生きていくようになる様を目の前で見たことがないからである。

男性は、自分の身のまわりの女性たち（たとえば母親とか）が話を聞いてもらえずにいらだち、一つの問題について長々と苦悩している様子を見せつけられて育ってきた。こういう事態は、長期間にわたって彼女たちが男性から愛されず、話も聞いてもらえないと感じながら暮らしてきた結果、起こったことである。

本当の問題は「話を聞いてもらえない」ことではなく、それによって「自分は愛されていない」と感じる点にあるのだ。

男性がテレビや新聞のニュースでストレスを発散できるのと同じように、女性の話を、男性がただじっと聞いているだけで、女性も自らの穴から脱け出られるのだということが、わかるようになるものである。

同様に、女性から責められているとか、自分が責任を持って問題を解決しなければならないとか感じずに話を聞く術を男性が身につければ、女性の悩み事や問題点をごく気楽に聞けるようになる。

話の聞き方に長けてくれれば、男性はパートナーの気持ちを充足させてやれるだけでなく、それが自分自身の問題を忘れ去る最良の方法の一つであることに気づくだろう。

〝リラックスした雰囲気〟が男は大好き

女性もまた、男性が自分の穴の中に閉じこもることが、自分に対する愛情を失ったサインではないことを納得できれば安心できるはずだ。

あの人もまた苦しいのだ、ストレスを抱えているのだという事情をよく理解でき、より心広く受け入れられるようになる。

男性が自分の話に耳を傾けてくれないことがあったとしても、それが自分を愛していないからだというふうには考えない。自分が話を始めても相手が心ここにあらずで少しも話を聞いてくれていないと察知した時、女性は相手の身になって話を止めることができ、彼が自分に注意を向けてくれるまで待つ。そして、タイミングを見計らって再び話し始めればよいのだ。

リラックスした、受け入れやすいマナーで自分の話を聞いてもらうようにすれば、男性は喜んで自分に注意を向けてくれるようになるのである。

男性が完璧に自分自身の問題に心を奪われ、穴の中に閉じこもっている時、女性は彼をそっとしておいてあげる。

そういう時には、誰かほかの友人に自分の問題を打ち明けるとか、ショッピングを楽しむとか、自分なりに解消する方法をとる知恵を身につけるのだ。

相手の男性がそんなさりげない愛情や思いやりを感じ取れば、彼はより早い時期に穴の中から脱け出してきて、やがて自分に注意を傾けるようになるだろう。

4章

相手の気持ちを上手に〝翻訳〟してますか?

Men are from Mars, Women are from Venus

……男と女がうまくいく〝究極のルール〟

男と女はまったく同じ言葉を口にしていても、それが意味しているところが同じとは限らない。

たとえば、女性が「あなたは私の話を少しも聞いてくれていない」と言った時、彼女は「少しも」という言葉を文字どおりに解釈してほしいと望んでいるわけではない。「少しも」とか「絶対に」という言葉を使うのは、彼女がその時点で感じているフラストレーションの度合を表現しているのである。

それから、自分の感情を目いっぱいに表現するために、女性は実に詩的で、さまざまな隠喩や誇張たっぷりな言い方をする。

一方、男性はと言えば、その言葉どおり、自分で聞いたとおりに解釈してしまう。だから結局、男性は彼女の本当に訴えたかった言葉を理解できず、その期待に沿うことができない。

そこで次に、男性がもっとも誤解しやすい、不満を訴える言葉（♥印）のリストを作成してみよう。また、男性がどう答えるか（◆印）、その典型的な答え方もあわせて紹介する。

男は女のひと言をここまで〝誤訳〟している

♥「どこか行きましょうよ、私たち、最近ちっとも外出してないじゃない」
◆「嘘を言うなよ。先週出かけたばかりじゃないか」

♥「ひどいのよ、みんなが私を無視して相手にしてくれないの」
◆「そんな馬鹿な。誰かは必ず君のことを気にとめているはずさ」

♥「本当に疲れたわ。もう何をする気力も残ってないみたい」
◆「おかしなことを言うんじゃない。その気になれば何だってできるはずだ」

♥「ああ、どこかへ逃げ出したい、何もかも捨てて飛び出したい」
◆「そんなにいまの仕事が辛いなら、やめればいいじゃないか」

♥「家の中がいつも乱雑で嫌になっちゃうわ」
◆「別に、いつもいつも散らかっているわけじゃないだろ」

♥「どうしてこうなのかしら。何もかもがうまくいかない……」
◆「君はそれをぼくのせいだとでも言いたいのか」
♥「あなたはもう、私に愛情なんか持ってやしないのよ」
◆「愛してるよ。だからここにこうしているんじゃないか」
♥「いつもバタバタ時間に追われてるだけの人生なんて、つまらないわね」
◆「そんなことないよ。金曜日には二人してのんびり遊んだじゃないか」
♥「私はもっと夢やロマンに富んだ生き方がしたかったわ」
◆「君はぼくがロマンチックじゃないと言いたいのかい」

以上のリストを見れば、いかに男女の会話に誤解が起こりやすいかがわかるはずである。男性は、女性のひと言をついストレートに解釈して、相手の本意をつかみ損ねてしまうのだ。

さらに、男性の答え方が二人の会話を言い争いへと発展させていくきっかけになることも明らかである。男と女の関係では、愛情を伝え合うコミュニケーションのくい違いは決定的な問題である。このような女性のグチのうちで、もっともよく聞かれるのが「彼が話を聞いてくれない」というものだ。たとえ、何度となく相手の男性から自分の言葉を誤訳されても、彼女はこの不満をぶつけ続ける。

だが、この言葉に対する男性の解釈は、彼女の感情をないがしろにし、逆なでしてしまう。彼は、彼女の言葉をそっくりそのまま繰り返すことさえできれば、相手の話を聞いたと思っている。

しかし、それはとんだ誤訳である。彼女の言葉を正しく解釈するには、次のような意味を含んでいることがわからなければならない。

「私が本当に言いたいと思っていることを、完全に理解してくれているとは思えないわ。あなたは、私がどんな思いでいるのかなんて、少しも気にかけてくれない。お願いだから私の心を理解しようとする態度を見せて」

もし、男性が彼女の心を本当に理解することができれば、彼の答え方も言い返すような否定口調にならず、より思いやりのこもった肯定的なものとなるに違いない。男女が言い争いを始めようとする時、二人は必ず誤解しているはずだ。そういう時は、お互いにもう一度相手の言葉にこめられた気持ちについて考えてあげることだ。

男性の側は、女性が自分と異なった感情表現を行なうのだという事実を理解できないでいるために、相手の感情をミス・ジャッジしたり、ないがしろにしたりしてしまう。それが、実りのない論争へと発展していくのである。

愛を育てる人はみんな「翻訳上手」

女性は、精神的なぐらつきを感じると、その話の中で暗に聞き手に対して救いの手を求めるようになる。しかし、けっして直接的な言葉で助けを求めたりしない。

もし、男性が女性のグチから相手の気持ちを理解し、適切に対応してあげれば、彼女は本心から自分の話を聞いてもらえたと感じ、愛されている確信を得るのである。

♥「どこか行きましょうよ、私たち、最近ちっとも外出してないじゃない」という女性の言葉を訳すと次のようになる。

「あなたと二人で外出して一緒に何かしたいわ。私たちは、いつも一緒にそういう楽しい時を過ごしてきたじゃない。そういう時の私は、本当に幸せなのよ。あなたと出会えてよかったとしみじみ感じるの。あなたはどう？　私を夕食にでも連れていってくれる気はないの？　もう何日も外出していないじゃない。お願いよ」

しかし男性はふつう、このような解釈をせずに、次のような意味のとり方をするものである。

「あなたは、私に対する義務を果たしていないわ。本当にがっかりよ。絶望的な人ね。もう私と一緒に何かしようという気持ちはないのね。きっと、夢をなくしてしまったのよ。私に飽きてしまったのよ」


♥「ひどいのよ、みんなが私を無視して相手にしてくれないの」を正しく訳すと、こうなる。

「きょうの私は、誰からも相手にされず、認められていない気分よ。誰も私の言うことを聞いてくれないし、目を向けてくれないみたい。もちろん、何人かの人は私に視線だけは向けてくれるわ。でも、気にかけてはくれない。何よりも私を失望させるのは、あなたが最近、忙しすぎることよ。一生懸命に働いているのはわかるけど、時どき、私のことなんか少しも大切に思っていないんだと感じてしまう。きっと、私よりもお仕事のほうが大切なんだと不安になってしまうの。だから、私をそっと抱いて、あなたにとって私が特別な存在なのだということを証明して。お願い」

だが、男性たちはふつう、次のような解釈をしてしまう。

「悲しいわ。自分で望んでいるような注意を誰も私に払ってくれない。何もかも絶望的で、もう、不幸のドン底よ。みんなして私を無視して、ちっともかまってくれやしない。あなたは、私を愛してくれなければいけない人なのに、なんて冷たい人なの。私には、あなたのような真似は絶対にできないわ」


♥「本当に疲れたわ。もう何をする気力も残ってないみたい」を正しく訳すと、こうなる。

「私はやることが多すぎて、すっかり疲れてしまったの。もっと働く前に休養をとらなければならないわ。でも、あなたがいてくれて慰めてくれるからよかった。私を抱いて、よく頑張っているとほめて。そして、少し休んだらいいと言ってなぐさめて」

だが、男たちはふつう、次のような解釈をしてしまう。

「私はこんなに働いているのに、あなたは何もしようとしない。どうしてもっと、あれこれ手伝ってくれないの。私ひとりでは全部できないのよ。ああ、嫌だ、嫌だ。私は〝本物の男〟と一緒に住みたいわ。あなたを相手に選んだことは大きな間違いだった」


♥「ああ、どこかへ逃げ出したい。何もかも捨てて飛び出したい」を正しく訳すとどうなるか。

「私は自分の仕事といまの生活がすごく好きなのに、きょうは何もかも嫌になってしまっているの。それをあなたにわかってもらいたい。またやる気が出てくるような新しい何かをして、なんとか立ち直りたいと思っているんだけど、そのきっかけをあなたにつくってほしいの。『いったい、どうしたんだ？』と聞いてもらいたい。そして、黙って親身になって私の話を聞いてほしいの。私は、ただあなたに私がいま受けている精神的プレッシャーを理解してもらいたいだけなのよ。それだけで気持ちが落ち着いてリラックスできるの。そうなれば、明日の私はまたやる気が出てきてバリバリ元気に働けるようになってるはずだわ」

だが、男性にはこんなふうに聞こえている。

「私は、自分がやりたくないことばかりをやらなければならない。（こんな生活をすることになって）あなたと一緒になったことを後悔しているわ。もう、こんな関係を続けていたくない。もっと私の人生を充実させてくれるパートナーが欲しいわ。本当にあなたのやることは最低ね」


♥「家の中がいつも乱雑で嫌になっちゃうわ」を訳すとこうなる。

「きょうの私は、何もしないでのんびりしたい気分なの。でも、家の中がとても散らかっているわ。片づけたいけど、身も心も疲れすぎているから、とにかく休みたいのよ。あなたに、私がこれを全部きれいに片づけることを期待してほしくないわ。あなたに望むのは、私がこう言うのを黙って聞いてくれて、少し手伝おうかと言ってくれることよ」

だが、男性たちはふつう、こんなふうにとる。

「この家はいつも散らかっているけど、みんなあなたのせいよ。私は、いつも精いっぱいの努力をして掃除や整理整頓に努めているの。それなのに、私が片づけ終わる前にあなたがまた散らかしてしまうのよ。まったく、あなたはだらしのない怠け者ね。あなたが変わらない限り、もう一緒に住みたくないわ。さあ、どうしてくれるの？　部屋を片づけてくれるの？　それとも別れる？」

♥「誰も私の話を聞いてくれようとしない」を正しく訳すとこうなる。

「あなたが私に飽きてしまったのではないかと心配なの。もう私のことなんか全然気にならなくなったのではないかと恐れているのよ。きょうの私は、とても神経過敏になっているの。あなたには特別気にかけてほしい。そうしてくれないかしら？　きょうは一日中、辛いことばかりだった。誰も私の言うことに耳を貸そうとしてくれなかったのよ。どうか私の話に耳を傾けて『きょう何があったんだ？　何が起こったんだ？　君はどう感じた？本当はどうしたかったんだ？　いまの君はどう感じているんだい？』というような、私を元気づける質問を投げかけてもらいたい。それから、『もっと詳しく話してほしい』とか『君の言うとおりだよ』とか『君の気持ちはよくわかる』とかいった、愛情と理解に満ちた言葉をかけて励ましてもらいたい。とにかく、ただ黙って話を聞き、相槌を打って話を聞いてくれているサインを送って、安心させてほしいの」

だが、男性たちはふつう、次のような解釈をしてしまう。

「私が何度も注意をしたのに、あなたは私の話を少しも聞こうとしてくれない。もうあなたは、私にとっていちばん一緒にいたくない退屈な男になってしまったわ。私は、あなたよりももっとエキサイティングで楽しい人と一緒になりたい。もう、あなたにはうんざりよ。自分勝手でやさしさがない最低の人間ね」

♥「どうしてこうなのかしら、何もかもがうまくいかない……」を正しく訳すと次のようになる。

「きょうの私は、とても憂うつなの。あなたに私の気持ちがわかってもらえたら、すごく嬉しい。それだけでも、私の気分はずっとよくなる。きょうの私は、何をやってもうまくいかない。こんなはずではないことはわかっているのだけど、まだやらなければならないことがたくさんあるのに、それがうまくできそうもないと思うと、こんな感じになってしまうの。どうか私を抱いて『君はよくやっているよ』と言って。そうすれば、私は間違いなく立ち直ることができるわ」

だが、男性たちはふつう、次のような解釈をしてしまう。

「あなたは何をやってもダメな人ね。もう私はあなたを信用できないわ。もし、私があなたの言うことを聞かなかったら、こんなにひどい状態になっていなかったはずよ。他の男性だったらうまく事をおさめてくれていたと思うけど、あなたは事態を悪化させてしまったわ」

♥「あなたはもう、私に愛情なんか持っていやしないのよ」を正しく訳すと次のようになる。

「きょうの私は、あなたが私を愛してくれていないのではないかと感じてならないのよ。ひょっとして、私があなたをそうさせてしまったのではないかと心配なの。私には、あなたが本当に私を愛してくれていることがわかっているわ。これまでも、とてもやさしくしてくれてきた。でも、いまの私は精神状態がかなり不安定なの。だから『愛しているよ』という魔法の言葉で愛情の再確認をしてほしい。そうしてくれれば、私は気分がよくなるの」

だが、男性たちはふつう、次のような解釈をしてしまう。

「私は、自分の人生でいちばん大切な年月をあなたに捧げ尽くしてきたわ。でも、あなたは私に何もしてくれなかった。あなたは私を利用しただけだったのよ。まったく自分勝手で冷たい人ね。あなたは、自分のやりたいことは何でも好き勝手にやってきたわ。誰のためでもない。ただ自分だけのためにね。ほかの誰のことも考えない。そんな人間を愛した私がばかだったわ。おかげで、いまの私はすべてを失ってしまった」

♥「いつもバタバタ時間に追われてるだけの人生なんて、つまらないわね」を訳すと次のようになる。

「きょうは一日中走り回っていた気がするわ。でも、私はそんな生き方は好きじゃない。私たちの人生は、そんなにアタフタ忙しいものではなかったはずよ。でも、それは誰のせいでもない。あなたを責めたりはしないわ。きょうだって、あなたは時間どおりに到着できるようにベストを尽くしてくれた。どれだけ私のことを思ってくれているか、私にはよくわかっているし、感謝もしている。だから、あなたも私と同調して『いつも忙しく走り回っているのはハードすぎる。僕も君と同じように、時間に追われて暮らすのは嫌いだよ』と言ってもらいたい」

だが、男性たちはふつう、次のような解釈をしてしまう。

「あなたは本当に頼りにならない人ね。何をするにも締め切り最後のぎりぎり一分前まで待たなきゃならない。あなたと一緒にいたら不幸になるばかりよ。私たちは、いつも遅刻を避けようとして焦って走り回っている。あなたはいつも、私の回りの物事を破滅させてしまう。あなたと一緒にいないほうが私は幸せになれるわ」

♥「私はもっと夢やロマンに富んだ生き方がしたかったわ」を訳すと次のようになる。

「愛しいあなた、最近のあなたは少し働きすぎで疲れているわ。ここで二人だけの時間をとりましょうよ。仕事のプレッシャーから解放されてのんびりと休養できる時間がとれたら、どんなに楽しいでしょう。あなたは、とてもロマンチックな人だわ。知り合った頃のように花束を贈ってくれたり、外へデートに連れ出してほしいの。私は、夢とロマンに満ちあふれた生活が好きなの」

だが、男性たちはふつう、次のような解釈をしてしまう。

「あなたは、もう私を満足させてくれないのね。そんなの大嫌いよ。本当に夢のない人なんだから。これまでだって、あなたが私を心底、満足させてくれたことなんて一度もなかった。あなたが前につきあっていた他の男の人たちみたいに、ロマンチックな人だったら良かったのに」

この辞書を何年間か使っているうちに、やがて男性は相手の女性から責められたり批判されたりした時にも、それをわざわざ相手にする必要はなくなってくる。女性の考え方や、感情がよくわかってくるからである。

そして、女性が使うドラマチックな言い回しの言葉を文字どおりにそのまま受け取ってはならないということを学んでいくだろう。

女は〝話しながら〟問題解決の筋道をつける

さて、女性にとってもっとも大きな問題の一つは、男性がまったく口を開かなくなった時に彼の真意を正しく解釈し、適切に対応できないことである。沈黙は、女性がいちばん誤った解釈をしてしまう男性の態度だ。

男性と女性では、考え方や現実への対応法がまったく違う。女性は何か問題があれば、それを声に出しながら考え、自分の話に興味を示してくれる聞き手とともに考えていく。

女性は、聞き手に向かって話をする過程を通して、自分が何を言いたいのかを発見するのである。自分の考えを自由に声を出して表現するプロセスが、彼女の直観力を刺激するのだ。

しかし、男性の考え方、情報処理法はまるで違う。彼は言葉で反応する前に、まず静かに知恵をしぼり、自分が見聞きしたり経験したことについて考える。そして、自分の内側で密かにもっとも正しく有効な方法を割り出す。まず、自分の内側で自分なりに咀嚼《そしゃく》してから外へ向かって表現するのである。

したがって女性は、相手の男性が沈黙を続けている時、彼が「自分にはまだ何と言っていいのか答えが見つかっていない。一生懸命に考えているのだ」という意思表示をしていることを理解する必要がある。だが、彼女たちは往々にして次のような解釈をしてしまう。

「ぼくには君がどうなろうと少しも関係ないし、気にもならない。だから、君のことはいっさい無視するのだ。君がぼくに言ったことは、少しも重要ではないから答える必要もない」

男の〝だんまり〟を女はこう解釈する

女性は、男性の沈黙を間違って解釈する。その日の心の健康状態しだいでは、その解釈はいっそう悪くなる。

「彼は私を憎んでいる。もう私を愛していない。私から永久に去って行ってしまった」

――最悪の場合、そう受け取ってしまう。そして、彼女の「もし彼に捨てられてしまったら、どうしよう。ひょっとすると、私は愛される価値のない女なのかもしれない」という最大の恐怖心にかられる。

男性がじっと黙っている時、女性は最悪のケースを想像するものである。女性がそうする時は、相手を強烈に傷つける言葉を口にしなければならなかったり、相手に愛想をつかして二度と口をききたくないような時だからだ。だから男性の〝だんまり〟に、女性の精神状態が不安定になるのは当然のことなのである。

女性が他の女性の話に耳を傾ける時、彼女は話し手に対して絶えず「自分はあなたの話を聞いています」というメッセージを伝えて安心させようと心がけている。相手の話に間が生じた時は、本能的に「へえ」とか「そうなの」とか相槌《あいづち》を打つ。

だから、男性の沈黙は女性に安心感を与えてくれず大変な脅威となるのだ。

男が話をやめる時、女はさらに〝おしゃべり〟を加速する

女性がよく話すのには、さまざまな理由がある。時には、彼女たちは男性が話すのを止める時と同じ理由でおしゃべりを始める。

1 情報を伝達するか、収集するため。(これは、男性と共通する唯一の理由である)

2 自分が本当に言いたいことを思索し、発見するため。(男性は逆に沈黙し、自分の殻の中にこもる)

3 精神的に迷い、いらだち、困った時に自分を取り戻し、神経を集中させるため。(男性はそういう時に話すのを止める。自分の穴の中で、彼は頭を冷やしているのだ)

4 相手との親密度を増すため。自分の内側の感情を共有してもらうことにより、愛を

確認しようとする。そうすることで、彼女は自分が愛されていると自信を持つことができるようになる。(男性は、相手と親密になりすぎると自分自身をコントロールできなくなると、恐れている)

以上のような男女間の違いを理解できれば、なぜ二人の間に言い争いがよく起こるのかがわかるようになる。

男心の〝なわばり〟に土足で踏み込まない

女性が肝に銘じておくべき大切なことは、男性がまだ準備不足のうちに、彼の口を開かそうとするのを慎むことである。

たとえ彼が何かに悩んでいたり、ストレスに苦しめられて自分の穴の中に閉じこもってしまっても、それが自分に対する個人的な理由によるものだと受け取ってはならない。そういうことは頻繁に起こることだ。けっして彼女に愛想をつかしたわけではない。時が来れば、彼は必ず帰ってくる。大切なことは、穴の中まで彼の後を追わないことである。もし、そんなことをしたら穴を守っている竜に焼き殺されてしまうだろう。

数多くの不必要な争い事が、女性のこうした愚かな行為によって引き起こされている。

彼女たちは、男性が問題を抱えて苦悩している時に沈黙の世界にひとり浸っていたいのだということが、どうしても理解できないのである。

彼女は、ごく自然に彼に向かって口を開かせようとする。もし、何か問題があるのなら彼を沈黙の世界から引き出し、そのことに関して打ち明けさせて、自分の助力で立ち直らせようとする。

彼女は「何か心配事があるの？」と彼に聞く。すると彼は即座に「いや、別に」と答えるだろう。だが、彼女には彼の苦悩がひしひしと感じられるのだ。なぜ、それを押し隠そうとするのか彼女には理解できない。その結果、彼女は彼を穴の中から引き出す代わりに、無意識のうちにその内なる思索をじゃましてしまうのだ。彼女は、再び質問を繰り返す。

「そんなこと言っても私にはわかるのよ。あなたは何か苦しいことがあるのね。それは、いったい何なの？　私に話してみて」

彼は答える。

「本当に何でもないんだ」

彼女はさらに言う。

「本当に何でもないの？　いえ、あなたは絶対に何かに苦しめられているわ。どうなの？」

「うるさいな。僕は何にも苦しめられてなんかいないよ。放っておいてくれないか」と彼は声を荒げる。

「まあ、あなたはどうしてそんな答え方しかできないの？　もう私には何も話したくないというのね。私にはあなたの気持ちがよくわかっているのに。もう私を愛していないのね。あなたが私を嫌っていることも私にはわかるのよ」

この時点で、彼は自制心を失い、後になって後悔するようなことを口走り始めるに違いない。心の中の竜が現われて、彼女を焼き殺しにかかるのである。

この〝信号〟を見落とすと大ごとになる！

女性が〝焼き殺される〟のは、男性がデリケートになっている時に、それをぶちこわしにしてしまった場合だけではない。

彼が彼女に対して「自分はいま穴の中に閉じこもっている」とか「閉じこもろうとしている」という警告を発しているのにもかかわらず、それを誤訳した時にも、竜の逆鱗に触れてしまう。「何があったの？」と聞かれれば、彼はただひと言「別に」とか「大丈夫だよ」と答えるだけである。

この、何げない信号が、彼の本音を汲み取り、そっとひとりにしておく必要があることを知る唯一の方法である。彼は「僕はいま悩み事を抱え込んでいるから、ひとりになって考えたいんだ」などといちいち断らずに、こういったひと言を発した後、突然、口を閉ざして自分の殻の中にこもる。

女性は、男性が「別に……」と答えた時には「たしかに、いまは問題を抱え込んでいるが、自分ひとりで解決できることだ。誰の助けもいらない。だから、ひとりにしておいてほしい。よけいな心配をせずに放っておいてくれないか。僕ひとりの力でピンチを打開していけると信じてもらいたい」と訴えていることを知らなければならない。

この訳し方を知らないまま、相手の男性が「別に……」とか「大丈夫だよ」と答えるのを聞くと、女性は自分が拒絶されているかのような気にさせられてしまう。そうすると、彼女はさらにしつこく質問を投げかけ続け、勝手に相手が抱えている問題を想像してあれこれ意見を述べ、救いの手を差しのべているような気になるのである。

彼女には、パートナーのひと言が、真意を暗に伝えようとしている〝信号〟だということがわからない。

彼の〝警告信号〟を無視しないこと

次に、男性によるもっとも典型的な警告信号を六つリストアップする。

◆「別に……僕は大丈夫だよ」を男性の本音に訳すと次のようになる。

「僕は大丈夫だよ。自分ひとりでこの状態を切り抜けることができる。心配も助けも必要ないよ。どうもありがとう」

だが、女性たちはふつう、次のようにとってしまう。

「僕は別にどうなったってかまわないから、全然、気にもしていないよ。だいいち、君なんかに僕の気持ちをわかってもらいたくない。君のことなんか頼りにしていないからね」

◆「僕は元気だよ」を、正しく訳すと次のようになる。

「たしかにやっかいな問題だけど、自分なりにうまく処理できるよ。だから、いまのところは誰の助けも必要ない。もし必要となったら僕のほうから頼むよ」

だが、女性たちはふつう、次のような解釈をしてしまう。

「何が起ころうと、僕には全然気にならないね。僕にとっては重要なことじゃない。それで頭を悩ませることはあっても、別にどうということはないね」

◆「何でもないさ」を正しく訳すと次のようになる。

「自分ひとりで解決できないようなことは何もないさ。もうこれ以上、何も聞かないでほしい」

だが、女性たちはふつう、次のような解釈をしてしまう。

「何が自分の頭を悩ませているのか、僕にはわからない。だから、いったい何が起こったのかを明らかにするために、僕にどんどん質問してもらいたい」

男性がひとりにしておいてもらいたいと心底から願っているのにもかかわらず、しつこく質問を投げかけて、ひどく怒らせてしまうことになるのである。

◆「まあ、いいさ」を正しく訳すと次のようになる。

「これは僕にとっては大きな問題だが、君には何の責任もないから、心配もいらない。君がこれ以上、質問をしたり意見を差しはさんだりして僕のじゃまさえしなければ、僕だけの力で解決できる」

だが、女性たちはふつう、次のように解釈してしまう。

「どうせこうなる運命にあったんだ。どうすることもできないし、する必要もないよ。今回はそれで仕方ないけど、君のミスだったということだけは覚えておいてくれよ。今回は目をつぶるけど、二度と同じような失敗は繰り返さないでくれよ」

◆「別にたいしたことじゃないさ」を正しく訳すと次のようになる。

「すぐに立ち直ることができるから、そう大げさに考えないでくれよ。この問題にこだわらずに質問もしないでもらいたい。そんなことをされれば、頭の中がより混乱してしまうばかりだよ。この問題を解決する責任は僕ひとりだけにある。ひとりで解決できた時に、はじめて幸福な気分になれるんだよ」

だが、女性たちはふつう、次のように解釈をしてしまう。

「君は何でもないことを、むりやりにほじくり出して大げさに騒ぎ立てる。君が心配しているようなことは全然重要ではないんだよ。あまり大げさに行動しないでくれ」

◆「心配しないで」を正しく訳すと次のようになる。

「この問題を解決したり、しかるべく行動をとったりすることは、僕にとって何でもないことさ。むしろ、喜びでさえあるくらいだ。それが君のために役立てば、もっと嬉しくなるよ」

だが、女性たちはふつう、次のような解釈をしてしまう。

「このことは、僕にとって別にたいした問題じゃないよ。それなのに、なぜ君は事を荒立て、よけいな世話をやこうとするんだい？」

それを受けて、彼女はそれがなぜ自分にとって重要であるかの説明を始め、彼をますます怒らせてしまうのである。

男と女にも〝北風と太陽〟の法則がある

私のセミナーにおいて、男性が閉じこもる穴とそれを守る竜について説明をすると、女性たちは「どうすれば男性が穴の中に閉じこもる時間を短くできますか?」と尋ねる。そこで私は、男性たちにその疑問に答えるようにさせるのだ。すると、彼らの大部分は次のように答える。

「相手の女性が話しかけてきたり、何とか穴の中から引き出そうと働きかけてくればくるほど、ひとりっきりになりたくなる」

「自分がふさぎ込んでいることを、まともに指摘された時には、よけいに外へ出ていきたくなくなってしまう」

女性が相手の力になろうと力めば力むほど、逆効果になる。相手がそこから出ようとしている時でさえ、逆に元に戻してしまう効果を及ぼすことになる。

男性が自分の穴の中に閉じこもっている時に、女性が頼まれもしないのによけいな口出しをしたり、忠告をしたりするのは、かえって非生産的な結果を招くことになってしまうのである。

では、そういう時には、女性はどうすればよいだろう。次にそれを紹介することにしよう。このような方法で彼に接すれば、自動的に穴の中に閉じこもっている時間を短くできる。

1　彼が自分の殻の中に引きこもる必要性を認めてあげる。
2　頼まれもしないのに解決策を示して問題解決の手助けをしようとしない。
3　相手がどう感じているかを質問して、彼を自分の思いどおりに教育していこうなどとはけっして考えない。
4　穴のすぐ横に座り、彼が飛び出てくるのを待ってはいけない（放っておく）。
5　彼のことをやたらに心配したり同情したりしてはならない。
6　彼のことにはかまわず、自分自身を幸福な気分にする何かをすること。

もし、あなたが彼に向かってどうしても〝話す〟必要があるのなら、彼が穴から出た後に読めるように手紙を書いておけばいい。

もし、どうしても話を聞いてもらい、気持ちをわかってもらいたかったら、友だちに悩みを話したり相談したりすればいい。彼だけを、あなたに充足感を与えてくれる唯一の対象としてはならないのだ。

自立心のある女性は〝愛され上手〟

男性は、自分の最愛の女性には、自分がいかなる問題も独力で処理できる人間であることを信じてもらいたいと願っている。それは、彼の名誉やプライド、自尊心を左右する実に重要な要素なのである。

といって、彼のことを心配するなと言っても無理な話であろう。特定の人間のことをとくに心配するのは女性にとって、もっとも自然な愛情表現の方法なのだ。だから、女性はむしろ自分が好きになった男性が困難に直面し、苦しんでいる様子を見ると幸福な気分になったりする。

彼の側は、そんなことで彼女に幸福な気分になってもらいたくはない。もちろん、彼は彼女の幸福を願っている。彼女が幸福でいてくれれば、彼の心配事は一つ減る。加えて、彼女が幸福でいてくれるということで、彼は彼女から愛されているのだという実感を得ることもできるのだ。愛する女性が実に幸せそうで心配事など一切ないように見える時、男性は穴の中から、より簡単に脱け出してくることができる。

皮肉なことに、男性は必要以上の心配をしないことによって、自らの愛情を示そうとする。彼らの考え方はこうだ。「自分が敬服し、信頼している人間のことを心配したら無礼というものだ」

男性は、一般的に「心配するな。お前ならできるさ」とか「これは君の問題ではない。彼らのだ」とか「必ず成功するさ」と言い合ってお互いに励まし合う。彼らは、お互いに心配しないことや、それぞれのトラブルを軽く見積ることで相手を励まし、元気づけようとするのだ。

自分の穴の中に閉じこもる時、男性は何か問題を解決しようとしている。その時、もし、彼の相手が幸福そうで彼の支えを必要としていないように思えれば、彼は安心して問題解決に専念できる。彼女が自分と一緒にいるだけで幸福であるということを確信できれば、より力を与えられ、やる気が湧いてくるのである。

そこで、男性が自分の殻の中でひとり思索にふけっている間、女性がどんな気晴らしをすれば幸福な気分になれるのか、その方法をいくつか掲げておこう。

1読書　2女友だちを訪ねて、おしゃべりに花を咲かす　3音楽鑑賞　4庭いじり　5日記をつける　6体操　7ショッピング　8散歩　9祈り、あるいは瞑想　10自己啓発テープを聴く　11バブル風呂に入る　12セラピストを訪れ、話を聞いてもらう　13テレビやビデオ観賞　14趣味を楽しむ　15料理に創意工夫をこらす自分の最愛の人が傷ついている時に幸福な気分になれと言われても、女性にとっては非常に難しいことだ。しかし、それはお互いが限りなく成長し続けるために必要な方法なのだ。

私の妻、ボニーもよくこのテクニックを使ったものである。彼女は、私が穴の中に閉じこもっているのを察知すると、買物に出かけたのだ。

こういう彼女に対して、私は自分の生き方を詫びる気持ちになったことは一度もなかった。彼女が自分のことを自力でしっかりコントロールできるようになると、私は安心して自分の問題を解決するために穴の中に閉じこもることができる。彼女は、私がやがて穴の中から出てきて、より自分を愛してくれるようになると信じているのである。

5
章

男の恋愛観、女の結婚観

Men are from Mars, Women are from Venus

……この〝小さな気づかい〟が、彼を男らしい気分にする

えてして男性は、相手の女性のために何か大きなことをしてあげれば点数を稼げると思い込んでしまう。高価なジュエリーをプレゼントしたり、海外旅行へ連れて行かないと女は満足しないものだと信じている。

そして、彼女が車に乗り込もうとする時にさっとドアを開けてあげたり、強く抱きしめてあげたりというような小さなことでは、彼女はあまり喜ばないだろうと決めつけている。だから、男性は愛する彼女のために大きなことをしようとひたすら時間を費やし、女性の気持ちを自分にひきつけようと努力する。

しかし、この男性の〝思惑〟はまったく的はずれなものである。なぜなら、女性は男性の愛情表現をまったく違う観点から見ているからだ。

女性は、男性の採点をする時に次のような基準で行なう。贈り物の大小にかかわらず、一つのことは一点として評価するのだ。一つひとつのプレゼントやちょっとした心づかいが、ほぼ同じ価値を持っている。

しかし男性は、小さなことをしてあげれば一点、大きなことをしてあげれば三十点と勝手に計算する。彼は、女性がまったく違った採点基準を持っていることを知らないために、自分のエネルギーを一つか二つの大きな〝プレゼント〟に集中させる。

男性にとってはごく些細なことも、女性にとっては大きな贈り物と同じくらいに重要であることがわかっていないのだ。言い方を換えれば、女性にとって一輪のバラをもらうのも、高価なジュエリーをもらうのも、自分を気にかけてくれている証拠だと考えるのである。

この愛情表現に関する基本的な違いを理解し合わないと、男性と女性はその関係において永遠にフラストレーションと失望感にさいなまれることになってしまう。

〝三高〟なだけでは満足できない女性の心理

ある時、私のもとにカウンセリングにやってきたパムがこんな悩みを打ち明けた。

「私は、チャックのために自分のすべてを捧げ尽くしてきたつもりなのに、彼は私を無視するんです。彼は仕事のことで頭がいっぱいで、私のことなんか、まったく気にかけてくれないんです」

それに対してチャックはこう反論した。

「でも、僕が一生懸命に仕事をして金を稼ぐから家のローンが払えるんだし、時には豪勢なバカンスを楽しむこともできるんです。彼女は幸せなはずです」

彼女も応酬する。

「もし、あなたに愛されていないのなら、大きな家も豪勢なバカンス旅行も、ちっともありがたいとは思えないわ。私は、あなたにいつも気にかけていてもらいたいの。そっちのほうが、よほど嬉しいわ」

彼が再び反論する。

「君に言わせれば、自分だけが何でもやって僕は何もやっていないみたいに聞こえるね」

「そうよ。そのとおりよ。私は絶えずあなたのためにたくさんのことをしてきたわ。料理もつくるし、洗濯もする。家の中の掃除も……みんな私ひとりでやってきたわ。あなたは、たった一つのことしかしないじゃないの。仕事だけよ。たしかに、そのおかげで食べていけるわ。だからといって、ほかのことは全部、私にやれというの？」

チャックは、成功した医者である。他のプロフェッショナルな仕事人間と同じように、彼もまた仕事に膨大な時間を費やすが、それだけに金も稼ぐ。にもかかわらず、妻のパムが不満に満ちている理由が彼にはまったく理解できなかった。彼は、愛する妻と子供たちのために高収入を得、豪勢な生活を保ってきたのだ。それなのに、彼が帰宅すると妻は少しも幸せそうではない。

彼の気持ちの中には、自分が仕事でより高額の収入を得れば、その分だけ家庭内で妻を喜ばせるためにあれこれ気をつかい、用事をしたりする必要はなくなってくる、という考えがある。彼は、月末毎の多額の支払い小切手だけで、少なくとも三十点くらいは稼げると信じている。さらに、新しく開業することになっているクリニックは収入を倍増させてくれることになるから、毎月、それだけで六十点は与えられるはずだ。

チャックには、彼の支払い小切手に書き入れる金額がどれほど多額であっても、それはパムから見れば一点にしかすぎないということなど思いもよらないのである。

彼には、パムの視点から見れば「彼が稼げば稼ぐほど、自分が得るものは少なくなっていく」と映るようになるのが、まったく理解できない。新しく開業するクリニックは、より多大な時間とエネルギーの消費を必要とする。それをカバーするために、彼女は家庭内の用事をより多くこなしていかなければならなくなってしまうのだ。

彼女は、数多くの仕事をこなし、二人の家庭生活や夫婦関係をうまくやっていくために自分の時間とエネルギーを捧げていくうちに、自分には夫の一点に対して六十点もの点数を与えていると感じるようになる。それが彼女を不幸な思いに陥れ、いらだたせるのである。

パムは、自分がより多くの時間とエネルギーを二人の家庭生活につぎ込めばつぎ込むほど、自分がやりたいことができないようになるから、損をしていると感じていくようになる。

一方、チャックは「僕がこんなに一生懸命に働いて、より多くの貢献（六十点分）を家庭にしているのだから、妻からもっといろいろなことをしてもらわなければ割が合わない」と考えているのだ。

〝些細な気配り〟は〝リッチな生活〟より女を幸せにする

このケースでは、彼は、二人の夫婦関係に関して、たった一つのことを除いては充分に満足していた。

唯一の不満、それは彼女が少しも幸せそうではないことであった。彼は、彼女の要求が多すぎることを非難した。彼からすれば、自分が稼ぐ金額は彼女が自分や家庭のために働くのと同等の得点なのだから、それで公平だと思っているのである。しかし、このチャックの姿勢がパムをよけいに怒らせてしまっていたわけだ。

二人は、私の話を聞くと非難の応酬を止め、愛情を込めた問題解決を図れるようになった。もう離婚というところまできていた夫婦関係は見違えるほどよくなり、再び協力して幸せな家庭を築きあげていく姿勢を取り戻したのである。

チャックは、妻のためにちょっとしたことをしてあげることが信じられないほど大きな効果を発揮するのだということを学んだ。彼がより多くの時間とエネルギーを彼女のために使うように努力をし始めたとたん、彼女の態度は一変したのである。それは、驚くほどの変わり方だった。

この経験から、男性から見れば取るに足らないような些細な気配りをしてもらうことが、女性にとっては高価なプレゼントを贈られるのと同じくらいに嬉しいことなのだというのが、彼にはよくわかるようになった。

パムは、リッチな生活よりも、夫から自分だけに注ぎ込まれてくるエネルギーや努力、思いやりの気持ちのほうを、ずっと手に入れたかったのだ。チャックは、ようやくそれに気がつき、より多くの時間とエネルギーを妻が幸せを感じる方向に費やすようにし、その分、仕事にかけるエネルギーを減らしたのである（それほど極端にではない。ごくわずかな程度にである）。

女が愛を深く実感できる98のアプローチ・リスト

ちょっとしたことをしてあげるだけで、男性が、自分の評価を高める方法はいくらでもある。これまでエネルギーや時間を注いでいた方向を、少しだけ変えるようにすればいいのだ。けっして難しい作業ではない。多くの男性がすでに知っていることばかりである。

どんな男性でも、好きな女性とつきあい始めた頃には、そのような小さな気くばりをいつも忘れなかったはずである。しかし、相手の心が自分に傾いたことを確信すると、たちまち安心してしまう。そして〝一点豪華主義〟の愛情表現だけで安心してしまうのだ。女性が二人の関係において本当に望んでいる「小さな幸せ」を積み重ねることを、すっかり怠ってしまうのである。

最愛の女性を満足させ、心の底からの幸福感を与えてあげるためには、彼女が本当に望んでいることが何かを理解できなければならない。彼女たちは、相手から愛されていることを絶えず実感していられるよう、さまざまな形でアプローチしてもらいたいと望んでいるのだ。

それがどんなに高価なものであっても、大きな喜びを与えてくれても、月に一度か二度程度の愛情表現では、彼女の心はけっして満ち足りはしない。

このことが男性にはどうにも理解しかねるらしい。こんなふうに考えればわかるだろう。女性は、車にガソリンタンクがあるのと同じように、体内に愛情タンクを備えているのだ。

車を走らせるためには、いつもガソリンを補給し続けなければならないように、彼女の愛情タンクも〝ガス欠〟にならないように、常に愛情を注ぎ込み続けていく必要がある。さもなければ、彼女は最愛の恋人として、あるいは、人生の伴侶としての働きを充分に果たしてくれなくなってしまうのである。

可能な限り、小さな愛情表現を常に心がけ、確実に点数を一点ずつ加えていくことが彼女の愛情タンクを絶えず〝満タン〟状態に保っておく秘訣なのである。

女性というものは、自分の愛情タンクが満タンに近ければ近いほど、自分に自信を持つ。

そして、より大きな愛情を相手に返し、信頼感や尊敬の念を払うようになるのである。相手の一挙一動に対しても、ゆとりを持って見守ることができるようになる。男性を受け入れ、彼が力を発揮できるよう、励ましや称賛の拍手さえ送ってくれるようになる。そのためには、彼女の愛情タンクを常に満タンにしておいてあげる必要がある。

そこで次に、男性が最愛の女性の愛情タンクを常に満タンに保っておくための、九十八の小さな愛情アプローチ・リストを載せておくことにする。

1 夜、仕事から帰宅したら何よりもまず彼女を抱き、「ただいま」の挨拶をする。

2 あらかじめ彼女のその日のスケジュールをある程度は頭に入れておき、具体的にその日の出来事を聞く。(「病院はどうだった? 時間どおりに診察してもらえた?」)

3 できるだけ相手の話を聞くことを心がける。あわせて、なるべく質問もするようにする。

4 彼女が訴えてきた悩みについてコメントしたい気持ちを抑え、その代わりに同情と理解を示すようにする。

5 毎日、自分から二人きりになる時間を二十分ほどつくるように心がける。その間は、新聞を読みながらとか、ほかのことをやりながら彼女の相手をするのではなく、ただ彼女との会話に熱中することが大切である。

6 何か特別な事が起こった時など、意外な贈り物として彼女に知らせず、ささやかな花束（一輪の花でもいい）など、必ず小さなプレゼントをする。

7 デートをする場合は、何日か前にあらかじめ予定を立てておくようにする。その日になってから彼女に「何をしたい？」とか「どこへ行きたい？」などと聞かないようにする。

8 彼女が仕事で疲れ切って夕食をつくれないように見えたら「何か手伝おうか？」と自発的に申し出る。

9 彼女の外見、ファッションなどを絶えずほめるように心がける。

10 彼女が気分を害したり、気持ちを落ち込ませた時には、その感情をないがしろにせず、できるだけ理解し、尊重するようにする。

11 帰宅や約束の時間に遅れる時には、ちゃんと電話を入れる。

12 彼女からアドバイスや救いの手を求められた時は、よけいな説教をせずに「YES」か「NO」を明確に答える。「そんなくだらない質問をするな」などとは、けっして言わないように。

13 彼女の心が深く傷ついている時には「ひどく傷ついたろうね。かわいそうに」という調子のなぐさめの言葉をかける。その後は沈黙して、あなたがいかに彼女の気持ちを察しているかを彼女に実感させる。彼女が傷ついているのは自分のせいではないなどという説明を加えたり、頼まれもしないのに問題の解決策を押しつけるような真似は絶対にしてはならない。

14 あなたがどうしても自分の穴の中に閉じこもる必要があると思った時は、彼女に対して自分にはしばらくの間、ひとりになって考えたいことがあるが、必ず元に戻るということをわからせる。

15 自分の穴の中に閉じこもった結果、頭も心もすっきりして元へ戻った時には、彼女に何がいったい自分を悩ませていたのかを、丁寧にかつやさしい口調で説明する。それによって彼女は最悪のケースを想像せずにすむ。

16 彼女があなたに話しかけてきた時は、目にしている雑誌を置き、テレビのスイッチを切って彼女の話に百パーセント注意力を集中する。

17 もし、普段は食器を洗うのが彼女の仕事と決めてあるのなら、たまには自分から率先して食器洗いをする。とりわけ、彼女が疲れた様子を見せている時は効果的である。

18 彼女が疲れたり気落ちしているのに気がついた時には、彼女に何をしたいか、あるいは何をどうすればいやされるのかを聞く。そして、彼女が望んでいることができるように必要な物を揃えたりして、側面的な手助けをする。

19 外出する際は、彼女に何かついでに買ってくる物はないかを聞く。そして、頼まれた物は忘れないように確実に買ってくるように。

20 昼寝をしたいと思ったり、部屋を離れたいと思った時は、その旨を彼女にきちんと伝える。

21 一日四回は、彼女を軽く抱きしめる。

22 職場から電話をかけ、彼女の様子を聞く。その際は必ず「愛しているよ」と愛情確認の言葉もかける。

23 毎日、最低二回は「愛しているよ」と言う。

24 ベッドメーキングや寝室の掃除をする。

25 もし、彼女が靴下を洗おうとしているのなら、彼女の手に渡る前に裏返しに脱ぎ捨てた物を元の状態に引っくり返して戻しておき、彼女がそうする必要のないようにしておく。

26 ゴミ箱がいっぱいになっているのを発見した時は、「僕が捨ててきてあげるよ」と申し出て実行する。

27 出張などで遠出した時には、目的地に着いたところで電話をかけ、連絡先や宿泊先の電話番号を伝え、自分が無事に到着したこととあわせて報せるようにする。

28 彼女の自動車を洗ってあげる。

29 デートの前には、必ずあなたの自動車を洗車し、車内もきれいに掃除、整理整頓を

してお く。

30 セックスの前には必ず身体をよく洗い、もし彼女が好むのであれば、お気に入りのコロンをつけておく。

31 彼女が誰かと摩擦を起こしたら、彼女の側に立って対処する。

32 時どき彼女の首、背中、脚などのマッサージをする。

33 セックス抜きで彼女を情熱的に抱き締め、子供同士のように戯れる。

34 彼女が必死になって何かを訴えている時は、とにかく忍耐強く耳を傾け続ける。けっして腕時計に目をやるような真似はしないこと。

35 彼女と一緒にテレビを楽しんでいる時は、リモコン装置のチャンネル切換えボタンをせわしなく押すような真似はしない。

36 公衆の場でも恥ずかしがらずに愛情表現をする。

37 彼女の手を握る時には、けっして弱々しくいい加減に握らずに、しっかり力強く握って愛情を伝える。

38 彼女の好きな飲み物を聞いて覚えておくこと。レストランなどへ食事に行った時、スマートにきめ細かく注文や選択のアドバイスを行なうことができる。

39 二人で外食を楽しもうとする時、彼女にいくつかの候補を提示して選択させるようにする。彼女にレストラン探しの重荷を背負わせてはならない。

40 彼女の好きな演劇やバレエ、コンサート等のチケットを買ってプレゼントする。

41 二人揃ってドレスアップし、外出できるようなチャンスを時どきつくり出す。

42 外出の際、服装の選択に迷い、時間に遅れがちになる彼女を理解する。激しい口調で責めたりしないこと。

43 公けの場では、他の人間に対してよりも、さらによけいに神経細かく彼女に注意力を向ける。

44 子供よりもさらに彼女を大切に扱う。子供たちには、父親が母親を家族の中でもっとも大切に扱い、何事も第一に考えて決定したり行動したりする様子を意識的に見せる。

45 時どきは彼女に小さなプレゼント——チョコレートの詰め合わせや香水など——をする。

46 たまには、洋服を密かに自分ひとりで買ってプレゼントする。

47 何か特別なことがあったら（誕生日、結婚記念日など）、必ず記念に写真を撮る。

48 二人だけのロマンチックな小旅行に誘う（一泊程度。日帰りでもいい）。

49 定期入れや財布などの中に、いつも彼女の写真を入れて持ち歩いていることを彼女にも知らせ、常に最新のものが入っているようにまめに入れ替える。

50 旅行でホテルに宿泊する時は、予約した段階で特別な物——シャンパンとかシードルとか花束など――をチェックインの際に部屋に用意するよう注文しておく。

51 誕生日や二人の特別な記念日には、カードや手紙にメッセージを書いて送る。

52 長距離ドライブをする時は、なるべく自分が運転をする。

53 運転は、速度制限やルールを厳守してゆっくり安全に行なう。彼女は、助手席であなたに身の安全を全面的に委ねているのだ。

54 彼女がどんな気持ちでいるのかに絶えず神経を配り、自分の感じたことを言葉で伝えよう。「きょうは、なんだかとても嬉しそうだね」とか「すごく疲れているように見えるよ」という調子である。そして「何かあったのかい？」と、その日の出来事について質問をする。

55 彼女と外出する時は、前もって地理や道のりを調べておく。彼女にナビゲーターの役割を果たさなければならないと感じさせないためである。

56 彼女と一緒に踊りにいったり、ダンスのレッスンに連れていったりする。

57 予期せぬ時に愛のメッセージを記したノートを送り、彼女を驚かす。

58 常に出会った頃の気持ちに立ち戻って、彼女とつき合うようにする。初心を思い出し、あのまめさを忘れずに痒いところに手が届くほどの心づかいで彼女を扱うのである。

59 家の中や周辺で何か修理する必要がある物があれば、積極的に自分がするということを申し出る。「僕はいま暇だから大丈夫だよ。何か故障したり、壊れたりしている物はないかい？」と、さり気なく聞く。ただし、無理をする必要はない。あくまでも、本当に時間に余裕がある時に限る。

60 台所の包丁を研ぐことを申し出る。

61 壊れた物を修理する強力接着剤を買ってくる。

62 電球が切れたら、ただちに自分が新品を買ってきて交換する旨、申し出る。

63 キッチンのゴミ袋がいっぱいになったら捨てにいく。

64 新聞を読んでいて彼女が興味を示しそうな記事を見つけたら、声を出して読んであげたり、切り抜いておく。

65 彼女にかかってきた電話を受けたら、丁寧に細かくメッセージをメモしておく。

66 シャワーを浴びたらバスルームの床をきれいに洗い流し、乾かしておく。

67 一緒に行動する時は、必ずドアを開けてあげる。

68 スーパーマーケットへ一緒に買物に行った時などは、必ず買った品物を持つ。

69 重い物は彼女に運ばせずに、頼まれなくても自分が率先して動く。

70 旅行に行く時は、バッグへ荷物を詰めたり移動させたり、自動車のトランクへの出し入れは、すべて自分が責任を持って行なう。

71 彼女が食器洗いをしていたら、ポット磨きのような力のいる作業の手伝いを申し出る。

72 家の中の〝修理リスト〟を作成して台所にでも張りつけておく。リストに記入されたことで自分ができることがあれば、時間のある時にできるだけ速やかに修理するようにする。長時間放っておいてはいけない。

73 彼女が料理をしたら、その腕前をほめてあげることを怠ってはならない。

74 彼女の話を聞いている時は、必ず相手の目を見ながら熱心に耳を傾ける。

75 彼女に話をする時は、手を握ったり、やさしく彼女の身体に手を触れる。

76 彼女の一日の行動に興味を示す。どんな人たちと出会い、何か面白いエピソードがあったか？　どんな本を読んだか、その感想は？　などを聞く。

77 彼女の話を聞いている時は、うなずいたり相槌を打ったりして、その内容に興味を持っていることを伝え、安心させる。

78 折りにふれ、彼女の気持ち（精神状態）を聞いてあげる。

79 もし、彼女の体調がずっと思わしくなかったような場合は、常に気づかい、自覚症状を尋ねるようにする。

80 彼女が疲れているようであれば、お茶を入れてあげる。

81 同じ時間にベッドに入れるようにする。

82 家を出る時は、必ず彼女とキスを交わし「行ってくるよ」のひと言を残していく。

83 彼女のジョークやユーモラスな表現には笑って反応する。

84 何かしてもらった時は、必ず声に出して「ありがとう」と言う。

85 彼女がヘアスタイルを変えたり、髪の毛をカットした時には、必ずそれに気づくように神経を配っておく。ほめることも忘れない。

86 二人だけになれる時間をつくり出す（家族が同居している場合は、とくに必要である）。

87 二人だけの親密な時間や彼女が悩み事を打ち明けているような場合は、電話がかかってきてもこれを受けない。

88 たとえ短時間でも二人一緒にサイクリングに出かける。

89 ピクニックを計画する。

90 もし、彼女が洗濯をしていれば、洗い物を洗濯機まで運んであげる。自分がやると申し出てもいい。

91 子供抜きの散歩に誘い出す。

92 お互いの要求を忌憚《きたん》なく話し合う時間をつくる。

93 彼女と一緒にいない時は淋しい思いをすることを、折りにふれて伝えるようにする。

94 たまには、帰宅時に彼女の好物のデザート菓子やパイを買って帰る。

95 もし、食料品の買い出しが彼女の役目なら、たまには自分が行ってくると申し出る。

96 二人でベッドに入る前には、あまり食べすぎないように気をつける。そうすれば、後になって満腹で動きがとれなくなったり、疲れて眠くなったりということがない。
97 この「98のリスト」に加える項目がないか彼女に聞く。
98 トイレの便器は、必ず便座を戻しておく。

〝愛情のガス欠〟にならないために

男性にとっては取るに足らないような、ごく些細なことでも、それを女性にしてあげることは、魔法のような効果をもたらしてくれる。彼女の愛情タンクが満タンになれば、「私だけがつまらない雑用に追われて損をする」などと考えなくなるはずだ。彼女からすれば、これではじめてお互いの得点が同じになって平等な関係になったと思えるようになるのである。

そう思えるようになると、女性は自分が愛されていることを実感できるようになる。その見返りとして、男性に対する信頼感や愛情を増すようになるのである。自分が愛されていることを確信できる女性は、けっしてすぐに怒りやいらだちを相手にぶつけない。寛大な気持ちで愛を分け与えることができる。

女性のために小さな思いやりをかけることは、男性自身にとっても精神衛生上、非常に効果的である。愛する女性に満足感を与えているという自信が男性を力づけ、自分の存在価値を高めさせるのだ。ちょっとした男性の心配りが、男女二人に満ち足りた愛情生活をもたらしてくれるのである。

「このひと言で、男は案外〝その気〟になる

男性が女性に対して小さな愛情表現をし続ける一方、女性はそれに対してとりわけ注意を払い、感謝の気持ちを表わす必要がある。

けっして「当然のことよ」というような態度をとってはならない。相手に向かって微笑みながら感謝の言葉を伝えれば、彼は得点を稼いだことを実感できるのだ。男性にとって小さな愛情表現を心がけるのは、ちょっとした仕事である。だから、女性はパートナーの努力を認めてやることが必要なのである。

彼らは、「そんなこと、当然よ」と女性が思っていると感じれば、すぐに止めてしまうだろう。特別な努力を払っていることを認めてほしいのだ。女性は、それを認めてあげるとともに、感謝していることを示そう。

だからといって、必要以上に大げさな言い方をするのは禁物である。ゴミを出してくれたからといって、二人の生活が完璧にすばらしいものになったなどと誇張した言い方をし

てはならない。単にゴミを捨ててくれたことに対してのみ、軽く「ありがとう」と言えばいい。その積み重ねこそ、二人の間に本物の愛情をしだいに育てていってくれるのである。

男性という生き物は、感謝されたり、頼りにされてその気にさせられたりしながら、小さな作業をコツコツと重ねていくことが、大きな目標に向かって一心に突き進んでいくのと同等の価値があることを学んでいくのである。

そうやって、ただ単に大きな人生上の成功に駆り立てられるだけではなく、恋人や妻や家族と一緒にリラックスした時間を過ごすようになっていく。

仕事が忙しくて、あなたのことが〝二の次〟になっている彼への手紙

私は、自分がはじめてエネルギーを家庭内の小さな物事にも注ぐようになった時のことを覚えている。

ボニーと結婚した頃の私は、まさに〝ワーカホリック人間〟だった。仕事以外のことは一切、頭にはなかった。本の著述とセミナーの講義に加えて、一週間に五十時間のカウンセリングの仕事をしていたのである。

新婚一年目、彼女は何度も私に一緒に過ごす時間をつくってほしいとせがんだ。放っておかれている疎外感や傷心を、繰り返し私に訴えかけてきた。

時には、手紙にそのやりきれない感情をしたため、訴えてきたこともある。私たちは、それを〝ラブレター〟と呼んだ。その手紙は、いつも最後は「愛しているわ」で終わっていたが、内容は怒りや悲しみ、恐怖や後悔の念がいっぱいに込められていた。

親愛なるジョンへ
あなたに私の気持ちをなんとかわかってもらおうと思い、この手紙を書きました。私はなにも、あなたに向かって、ああしろこうしろと命令しようというのではありません。ただ、私がどんな思いで毎日を過ごしているかを知っておいてほしいだけです。

正直に言って私は、あなたがお仕事ばかりに時間をかけていることに、ひどく怒っているのです。家に帰ってきても、私のことなど何もかまってくれずに、すぐに書斎に閉じこもってしまったり、寝てしまったりのあなたに、ものすごく腹が立っているのです。私はもっとあなたと一緒にいたい……。

あなたが私のことなんかよりも、お仕事や相談にくる人のことばかりを考えているのを思うとやりきれなくなります。疲れ切って家に帰ってくるあなたを見ると、悲しくてたまりません。少しも相手にしてもらえないで本当に淋しい。あなたが恋しい。

本当は、あなたは私と一緒にいたくないのではないでしょうか。私は、あなたの人生のお荷物にはなりたくない。ガミガミと小言ばかり言っていたくもない。でも、こんな毎日が続けば、あなたはもう私の気持ちなんかどうでもいいと思っているのではないかと考えてしまいます。

怒らせてしまったら、ごめんなさい。私は、あなたが全力を尽くしていることを知っています。一生懸命にお仕事をしていることを認め、感謝もしています。

愛を込めて　ボニー

彼女の手紙を読み終え、その真情を充分に感じ取った私は、たしかに彼女よりも仕事や相談の依頼人のことのほうに時間やエネルギーを集中させすぎていたことを認めざるを得なかった。私は、カウンセリングにやってくる人々に全精力を注ぎ込み、家に帰る時には心身ともに疲れ切ってしまい、妻をほとんど顧みることがなかった。

家庭が安定すると、男はもっと仕事に精を出せる

私が彼女をないがしろにしてしまっていたのは、けっして愛していなかったからではない。まったく気づかいをしていなかったというわけでもない。気にはなっていたのである。ただ、それを表現する時間と心の余裕がなかったのだ。

私は、ただ単純に一生懸命に働いて、より多くの金を稼ぐことが妻や家族の幸せにつな

がると考えていたのである。だが、その手紙を受け取って以来、仕事と家庭への配分の仕方などを変えた。

一日に八人の相談者を相手にしていたのを、一人減らして七人にした。帰宅時間は、それまでよりも一時間早まることになった。そして、妻を八人目の相談者に見立てて、帰宅後は妻とゆっくり過ごすことにしたのだ。さらに私は、妻をもっとも重要な相談者として扱うようにしたのである。前述した小さな愛情表現法も、あれこれ自分なりに実行するように心がけた。

この計画の効果は、たちまちのうちに目に見えて表われた。彼女が充足感を覚え、幸せを感じるようになったばかりではなく、この私自身もまた同じように生活に張り合いができ、幸福感に浸ることができるようになったのである。

愛情に満ちた幸せな家庭生活を実感できるようになると、人生に対する限りない欲求や功名心のようなものは自然におさまっていった。私は、仕事のペースを落とし、着実にゆっくりと人生を歩むようになっていった。

すると、不思議なことに、家庭内がうまくいくようになったばかりではなく、必死に自分を駆り立てて働かなくても、仕事面で次々と花開くことが重なり、知らぬ間に大きく伸びていったのである。

家庭内がうまくいっている時は、仕事もそれと比例して成功の一途をたどる。これが私が自らの経験で得た貴重な教訓である。

私は、自分の家族から愛され、信頼されていると感じられるようになった時、自分の内側に大きな自信が湧きあがってくるのを実感することができた。そればかりではない。仕事関係で接する人間を含めて、周囲の人間から以前にも増して認められて、信頼されてきた自分をはっきりと感じることができるようになったのである。

これほどまでに違っている男と女の〝人生観〟

この大きな変化の陰には、妻・ボニーの支えがあった。

彼女は、自分の正直な感情を私にぶつけるだけではなく、具体的に何をしてほしいのかを私に言ってきた。そして、私がそのとおりにすると、心から感謝してくれた。しだいに私は、一見、自分にとっては取るに足らないような些細な行為が、いかに彼女から感謝され、認められるかを理解できるようになっていった。その結果、何か大きなことをやってあげなければ相手から認められない、という思い込みから解放された。

男性は、人生の成功を目指して必死に努力するものだ。それが人間としての価値を高めることになると信じているからだ。そして、女性に愛される条件もそこにあると思い込んでいる。男性はまた、異性からばかりではなく、同性からも信頼されて称賛されることを心の奥深くで強く望んでいるのである。だから、男性は仕事や人生で成功しなくても、他の人々から愛情や信頼感を得られることがわからない。

しかし、女性には、そういった男性の思い込みを、彼らが自分に示してくれるちょっとした言葉や行動を認め、感謝をすることによって修正する能力がある。

〝女の不満〟と〝男の拒絶感〟は心のインフルエンザ

女性は、小さな親切や愛情表現に敏感で、そうした愛情をもらうと、パートナーに心から感謝できる。例外はお互いの〝得点〟があまりにも不公平だと思っている時である。

もし彼女がパートナーから愛されず、少しも大切にされていないと感じていれば、彼がしてくれたことに対して素直に「ありがとう」と言えなくなる。彼女は、憤りやいらだちを感じている――自分は彼にとことん尽くしたのに、彼は何もしてくれない――そう思っているからだ。あまりにも不公平で、自分ばかりが損をしていると不満でいっぱいだからである。この憤りが、小さなことでも認めてあげる彼女の能力の発揮を妨げてしまう。

女性の憤りやいらだちの精神状態というのは、心がインフルエンザにかかってしまったようなものなのである。

女性がこのいらだち病にかかってしまうと、相手の男性が自分に何をしてくれても、それを否定してしまうようになる。なぜなら、彼女から見れば、二人の関係があまりにも不公平だからである。自分が大量点を与えているのに、相手はたかだか一、二点しか与えてくれない。こちらがそんなに尽くしているのに、向こうは少しも返してくれないのである。こうなると、彼の何を見ても「自分は軽視されている」という感情が湧き起こってきてしまうのだ。

その結果、一般的にどういう具合に事態が展開していくかというと、彼が拒絶感を覚え、それ以上、彼女のために何かしてあげようというやる気を失っていく。彼もまた、心のインフルエンザに冒されてしまうのだ。彼女は彼女で、さらに病状を悪化させていく。こうして二人の関係は悪くなっていくばかりになるのである。

この問題を解決する方法は、パートナーとお互いの心情を理解し合うことである。男性は相手から認められ、受け入れられていることを実感したい。彼女は、相手から支えられていると実感したい。

女性が、こうした精神状態から脱け出すためには、まず自分の責任は自分で取ることである。彼女は、自分自身が彼にあまりにも尽くしすぎ、二人の関係のバランスを崩してしまった責任を取らなければならない。

そこで女性はまず、自分が心のインフルエンザにかかっているのだと自覚し、そのウイルス（原因）を退治することだ。

そのためには、一方的に男性に多くのことをしてあげるのをやめなければならない。彼女は、もっと自分自身を甘やかし、自分のやりたいことを優先させるべきだ。相手の男性に対しても、もっと自分のめんどうを見るようにさせていく必要がある。

こうして、自分が相手の世話をやきすぎてきたことを自覚することで、彼女は彼ばかりに問題の責任を押しつけることを止め、新しいスコアカードを使って採点できるようになる。そして、彼への理解と思いやりの気持ちが深まるのだ。

二人の〝ずれ違い〟は、こんな計算ミスから生まれる

女性はよく、こんな不満の言葉を口にする。

「彼ったら、つきあい始めた頃はもっとやさしくしてくれたのに最近はさっぱりよ。なんだかもう、私のことなんか愛してないみたい」

彼女は、二人の関係が始まったばかりの頃は、もっと積極的でもっと大胆に愛情を表現してくれた相手が、時間がたつにつれてしだいに消極的になり、ついには受け身になってしまったことを嘆いているのである。

男性は、そんなにベタベタとしたやり方で愛情を表わさない。むしろ、その逆である。それが男性の習性なのだ。

だが、男性もまた同じように不満を抱くようになる。知り合ったばかりの頃の彼女は自分のすべてを受け入れ、何事も好きなようにやらせてくれた。でも、だんだん注文が多くなり、怒りっぽくなっていった。「私をないがしろにした」と言っては腹を立て、ヒステリックに非難の声を浴びせるようになってきた。

このような行き違いのミステリーは、男と女の愛情表現の違いを理解した時に、はじめて解くことができる。

男性が積極的に愛情表現をしない主な理由は、次の五つである。

1　男性は〝公明正大（公平）〟を理想と考える

男性は、仕事にエネルギーを注ぎ込み、それは五十点満点の努力だと考えている。だから帰宅してからは何もせず、ふんぞり返って妻が自分と同じように五十点のサービスをしてくれるのをひたすら待っているのである。

彼の考えでは、それが公平であり、愛情あるやり方ということになる。彼は、妻の点数を自分の点数と同等にするために、彼女に五十点分の〝仕事〟をする時間を与えている。

彼のオフィスにおける過酷な労働が、わずかに数点としてしか評価されていないなどとは夢にも思っていない。

2 女性は〝無条件の愛〟を理想と考える

女性は、なるべく相手の男性に尽くそうとする。そして、自分が疲れ果て、空虚な気持ちに襲われた時になってはじめて、自分が彼から何もしてもらっていなかったことに気づくのである。

これまで何度も確認してきたように、男と女は根本的に違う生き物である。通常、男性ははじめのうちに大量点を与え、その後はゆっくりと椅子に身を沈め、相手が同点まで返してくるのをひたすら待つ。

女性がさも幸せそうな様子を見せながら、かゆいところまで手が届くように男性の世話をやいていると、彼はごく当然のように受け取る。そして、自分のほうがまだ点数が多いと判断し、彼女が同点にするのを悠然と待っている。少しでも自分の点数のほうが多いと判断している間は、絶対に何かをしてあげようなどとは思わない。

そして女性は、よほどの不公平さを感じない限りは笑顔を見せながら相手の男性にあれこれ尽くすことができる。

彼は、それを見て、まだお互いの得点状況は自分のほうが多いか、せいぜい同点であろうと解釈する。そして彼女は、得点差が三十対〇になるや、突然、不公平感におそわれるのだ。

女性は、男性に自分のすべてを惜し気もなく尽くした時、彼はお互いの点数がほとんど同点で、あなたが満足していると解釈してしまうことを覚えておこう。

もし、あなたが彼からもっといろいろなことをしてもらおうと思うのなら、なるべく波風が立たないようしとやかに、彼に尽くすのを止めてしまうことである。そして、逆に彼のほうがあなたに細々としたことを、あれこれやってくれるように働きかける。言葉にして直接彼に頼むとともに、それを実行してもらえたら感謝の気持ちを表わすことを忘れないように。

3　男性は求められた時に、はじめて救いの手を差しのべる

男は、何事も独力で切り抜けていく自分にプライドを持つ。本当に追い詰められて誰かの助力が必要となるまでは、けっして救いを求めない。したがって、相手から頼まれもしないのに自分から勝手に救いの手を差しのべていくことなど、非礼極まりない〝マナー違反〟なのだ。

ところが、女性はこれとは正反対だ。彼女たちは、頼まれもしないのに進んで他人の世話をしたがる傾向がある。誰かに愛情を感じたら、その相手のために全力で身を尽くす。相手から救いを求められるまで待つことなど絶対にできない。愛情が強くなればなるほど、その度合もまた強くなる。

恋人が積極的に救いの手を差しのべてきてくれないと、女性は彼が自分を愛していない

のでは、と邪推してしまう。だが、彼の愛を試すために、自分から相手の助力を求めようとはせず、彼のほうから積極的に動き出してくるのを待つだろう。そして、彼のほうから行動を起こしてこないと、彼女はいらだちを募らせ、ついに怒りを爆発させる。彼が頼まれるのを待っているということがわかっていないのだ。そして男性は男性で、彼女が男性のほうから積極的に救いの手を差しのべてくれるのをじっと待っていることを、まったく知らないのだ。

こうした相違点も、男女双方が充分に心得ておかなければならない要素である。

彼はあなたからの直接的な要請を待っているのである。あなたが働きかけた時に、はじめて彼は何をしたらいいかが、わかるのである。

4 女性は、たとえ不服な点があっても「YES」と言う

男性は、女性が実際に声に出して助けを求めなければ、彼女が手助けしてほしいと望んでいることには気がつかない。しかし、女性は、たとえ彼との間のスコアが互角でなくても、つい「YES」と言ってしまう。

だから男性は、彼女に対して頼み事をしすぎないように注意を払う必要がある。もし、彼女が自分のほうが尽くしすぎたと感じたら、やがて、彼が自ら進んで積極的に支援を申し出てきてくれなかったことに対して憤慨するようになる。

男性は、女性が彼の頼みや要求に対して「ＹＥＳ」と答えている限りは、彼女は満足しているものだと考え違いをする。自分が充分すぎるほどのことをしてあげていると勝手に決めつけるのである。

私は、結婚当初の二年間ほど、一週間に一度は妻と一緒に映画を見ることにしていた。ところがある日、妻が急に癇癪《かんしゃく》を起こして激しく抗議をしてきたのだ。

「私たちはいつも、あなたがしたいことばかりしているのね。私がしたいことなんか、させてくれたためしがない！」

それを聞いて、私は心底、驚いた。私としては、映画に誘うたびに一緒に出かける以上は、彼女もまた同じように楽しんでいるものと信じていたのである。私と同じように、彼女もまた大の映画ファンに違いないと思い込んでいた。

後になってじっくり思い返してみると、たしかに彼女は、よく私に「この劇場で、いまオペラを上演中よ」とか「たまには音楽を聴きに行きたいわ」などと彼女なりに提案をしていたのである。けれど、週末が近づくにつれ私が「今週はこの映画にしよう。すごく評判がいいんだ」などと言えば、彼女は見るからに幸せそうな様子で「ＯＫ」と答えたのだ。

明らかに私は、彼女のメッセージを読み違えていた。映画に行くことを私と同じくらいに楽しみにしていたと思っていたが、実はそれほど単純なものではなかったのである。

たしかに、彼女は私と一緒に出かけ、時間と場所、あるいは思い出を共有できることがこのうえもなく幸せだった。だが、私と一緒にいられることが幸せだったのであり、映画は「あなたがそう言うなら仕方ないわ。ＯＫよ」という程度のものだったのだ。

その本心は「それよりも、もっと文化的なライヴ・イベントへ行きたい」というものだった。彼女が折りに触れてオペラやコンサートへ行きたいと私に言っていたのは、それなりの確固たる要望があったからだったのだ。

にもかかわらず、彼女は映画に行こうと誘う私に「ＹＥＳ」と答え続けた。そのために私は、彼女が自分の楽しみを犠牲にして私を喜ばせようとしていたなどとは思いもよらなかったのである。

この相違点も、男女双方が心得ておかなければならないだろう。

つまり、男性の望むことに女性が喜んで同意をするからといって、それがそのまま彼女も同じように望んでいることかと言えば大間違いなのである。

もし、あなたが彼の要求に対して即座に「ＹＥＳ」と答えると、彼はあなたに充分なことをしてあげているから、満足しているに違いないと思い違いをする。お互いのスコアは少なくとも同点だと考える。

もし、それが不服なら、彼の要求に「ＹＥＳ」と答えるのを止めるべきである。その代わりに、彼にしてほしいことをきちんと要求しよう。ただし、決してずけずけと言わずに、極力、控えめな物言いを心がけること。

5　本当に執念深いのは男のほうである!?

男性は、自分が相手から拒絶的な態度をとられると、それをペナルティとして減点するが、女性にはそのことが理解できない。

たとえば男性が、妻は自分のやったことを少しも認めようとしない、自分の心を傷つけられたと感じた時には、それまでの彼女の点数から何点かを差し引くのが公正だと考えるのだ。

もし、彼女にすでに十点分のことをしてもらっているのに、彼女から深く傷つけられたと感じるような仕打ちを受けたとする。すると、そのペナルティとして十点減点して、○点に戻してしまうのである。彼女から受けた傷がその倍ほども深い致命的なものであると感じた時には、二十点マイナスする。そうなると、彼女は彼に十点分の借りを負うことになるのだ。数分前までは十点をもらっていたのに、その時点では持ち点がマイナスになってしまっている。

これは、女性にとって頭が混乱してしまう仕打ちである。彼女は、すでに三十点にも相当するほどのことを彼にしてあげている。にもかかわらず、たった一度の行き違いで機嫌を損ねた時には、それを全部帳消しにされてしまうのだ。

そうなると、彼は頭の中で計算をし、しばらくの間は自分は何もしてあげなくてもいいと考える。なぜかといえば、彼女は彼に借りがあるからである。その分を返してもらうまでは、自分は何もしてあげてはいけないのだ。それがフェアプレイだと信じている。この考え方は、数学的にはたしかにフェアな考え方であろう。だが、現実的には、けっしてそうではない。むしろ、アンフェアな考え方である。

こうして、何かと引き換えに恩や愛情の切り売りをしていると、せっかくの人間関係を破壊させてしまう危険性がある。

男性には、罰を加える傾向があることを覚えておこう。

しかし、自分が原因で彼が愛の点数を減点してしまったと気づいた時は、彼に対して素直に「すまない」と思っていることを伝えるべきである。

もし、彼があなたから少しも認められていなかったと感じているようなら、彼の存在価値や行動を大いに認めてあげればいい。もし、彼が拒絶されたり、いい加減にあしらわれていると感じているようなら、望みどおりに受け入れてあげればいい。もし、彼が信頼されていないと感じているのなら、必要としているだけの信頼感を寄せてあげよう。もし、彼がひどく気分を落ち込ませているのなら、励まし、盛んにほめる……。

男性は、自分が相手から愛されていることを確認できれば、罰則点の運用を直ちに止めるのだ。

このプロセスの中でいちばん難しいのは、何が彼を傷つけたかを知ることである。男性が自分の穴の中に閉じこもる時、彼自身もどうして自分が傷ついたのか、はっきりとはわからない。穴の中から出てきた時でも、そのことについて話そうとはしない。

では、いったい女性はいかにして彼の心の傷を推し量ることができるのか。

まずは本書を読み、男性がいかに女性と違っているかを理解することであるが、もう一つの方法は、コミュニケーションを通してである。前にも述べたように、女性が自分の心を開き、素直な気持ちになって丁寧に感情を伝えていけばいくほど、男性もまた、心を開き、彼の傷と痛みを打ち明けてくれるのである。

小さな〝フィーリング〟を大切にするのが男の恋愛・結婚観

男性は、女性と違った方法で相手を採点する。自分がしてあげたことをパートナーが認めてくれるたびに、彼は彼女の愛情を実感することができ、そのお返しとして彼女に点数を与える。

覚えていると思うが、男性はまず何よりも、自分の能力や存在価値を認められるのが嬉しいものなのだ。もちろん、男性も家事や自分の世話などを彼女からしてもらいたいと望んでいる。だが、男性にとっての主な愛情源は、彼の行為に対する女性の愛情ある反応である。

彼もまた〝愛情タンク〟を備えている。だが、彼のタンクは必ずしも彼女が彼のためにしてくれることによって常に満たされている必要はない。その代わりに、いかに彼女が彼の言動に「感謝しているわ。うれしいわ」というメッセージを送っているか、ということによって満たされる要素のほうが強い。

女性が男性のために食事の準備をすると、彼は彼女に一～十点の間の何点かを与える。その採点基準は、「彼女がどんな感情で用意してくれたのか」というところにある。もし、女性が密かに彼に向けて憤りを感じているとすると、彼女が彼のためにつくった料理に対して、彼はさほど高得点を与えることはしないだろう。彼女が自分に対して腹を立てているからという理由で、マイナス点をつける場合もあり得る。

男性を満足させる秘訣は、むしろ行動を通してではなく、フィーリングを通して「愛情を表現すること」なのである。

哲学的に言えば、女性が愛情を感じた時に、彼女の行為は自動的にその愛情を表現することが可能になる。

たとえ彼が相手の女性に対して愛情を感じなくなっていたとしても、彼は彼女のために愛情深い何かをすることだろう。もし、彼の申し出が相手から受け入れられ、感謝されたりでもすれば、彼は再び彼女に愛情を感じるだろう。男性は〝行動〟を通じて愛情を活発に始動させるからである。

〝女性の心〟はこんなふうに開いていく

しかしながら、女性はまったく違う。一般的に女性は、相手から気にかけられず、理解も尊重もされていないと感じると、相手に愛情を感じるようになることはまず、あり得ない。

だから、男性は〝愛情ある行動〟を優先させる必要がある。そうすることで女性の心を開かせると同時に、自分の心をも、より多くの愛情を感じられるように大きく開かれていく。男性の心は、相手の女性を満足させることによって開いていくのである。

これに対して女性は〝愛する姿勢とフィーリング〟を優先させる必要がある。そうすることによって、彼の愛情を求める気持ちを充足させてあげることができるからだ。彼女が最愛の男性に対して愛する姿勢とフィーリングを上手に表現できれば、彼はより多くのものを彼女に与えようとする強い欲求に駆り立てられるようになる。これはまた、彼女の心をより広く開かせていく。

女性の心は、彼女が必要としている精神的な支えを得られるようになるにつれ、より大きく開いていくのである。時として女性は、相手の男性が本当に彼女の愛情を必要としていることに気づかずに見逃してしまう。次に、その例をいくつか掲げていってみることにしよう。

こんな時、あなたの愛情は試されている

1　彼が失敗した時、彼女はよけいな忠告もせず、「だから言ったじゃないの」と非難したりもしない。――プラス二十点を与える。

2　自動車の運転中、彼が道に迷ったが、彼女は別に騒ぎ立てたり責めたりせずに普段と変わらない様子を見せた。――プラス二十点。

3　彼が道に迷ったが、彼女は楽観的に振舞い、その状況をいいように解釈して次のような言い方で気づかってくれる。「もし、道に迷わなかったら、こんなに美しい夕焼けを見ることはできなかったわ」。――プラス三十点。

4　彼は外出の際に彼女から頼まれた買物を忘れたが、彼女はこう笑って許した。「今度は忘れずに買ってきてね」。――プラス二十点。

5　その次の外出の際も彼は再び頼まれた買物をし忘れてしまったが、彼女は辛抱強くなおも信頼して「いいわよ。今度こそお願いね」と事もなげに言う。――プラス三十点。

6　彼女が彼を傷つけてしまった時、その痛みを理解し、謝ることができて、彼が必要

としている愛情を与えることができる。――プラス四十点。

7 彼女が彼に救いを求めたが、彼はそれを避けてしまった。だが、彼女は彼の拒絶に傷つくこともなく、彼はできる時は必ずやってくれると信じている。彼女はけっして彼を拒絶したり、非難したりしない。――プラス二十点。

8 次の機会に再び救いを求め、それでもまた彼から拒絶される。だが、彼女はそれでもけっして彼を非難せず恨みもせずに、それがその時点における彼の限界だと許すことができる。――プラス三十点。

9 彼が自分の穴の中に閉じこもってしまった時、彼女はけっして彼に罪の意識を持たせないように気を配る。――プラス二十点。

10 彼が穴の中から出てきた時、彼女はその彼を歓迎し、こらしめてやろうとか拒絶しようとはしない。――プラス二十点。

11 彼が自分の失敗を謝った時、彼女はそれを愛情を込めてすんなりと受け入れ、許すことができる。その失敗が重大なものであればあるほど、彼が彼女に与える点は高くなる。――プラス五十点。

12 彼が彼女に何かをしてくれるように頼んだ時、いちいちクドクドと理由を並べ立てて断るような真似はしない。明快にひと言「NO」と言う。――プラス十点。

13 彼が彼女に何かをしてくれるように頼んだ時、彼女はいい雰囲気をたたえたまま快く「YES」と答えることができる。――プラス十点。

14 二人が喧嘩をした後、彼のほうが先に仲直りをしようとして、彼女のために小さなことをやりはじめた時、それを素直に受け入れ感謝の気持ちを返すことができる。――プラス三十点。

15 彼が帰宅してきた時、彼女は心底から幸せそうである。――プラス二十点。

16 彼に対して不満を抱いた時、彼女は、その感情をすぐに言葉や態度にしてぶつけず別の部屋へ行ってひとりで気持ちの整理をつける。そして、感情の高ぶりが鎮まり、気を取り直すことができた時に、より愛情深く素直な態度で接することができる。――プラス二十点。

17 彼女は、まともに対処しようとすると自分の感情をひどく刺激し、精神状態を乱してしまう恐れがあると判断した場合、彼の失敗を意識的に見逃してあげる。――プラス四十点。

18 彼女は、彼とのセックスを心底から楽しんでいる。――プラス四十点。

19 彼が家や自動車の鍵をなくしてしまった時、彼女は彼を無責任だと非難したりはしない。――プラス二十点。

20 二人で外出する際、自分の好みではないレストランや映画へ連れて行かれた時の不満感や失望感の表現法が実にさり気なく控えめで、彼の気持ちを傷つけない如才のなさを身につけている。――プラス二十点。

21 彼が運転中や自動車を駐車しようとしている時には、けっしてよけいなアドバイスをせず、無事に運転して目的地にまで連れてきてくれたことを素直に感謝できる。――プラス二十点。

22 彼が犯してしまった過ちにいつまでもこだわり、文句を言い続けるよりも、彼に甘えてストレートに支援を求めてくることを好む。――プラス二十点。

23 彼女は、彼との行き違いで生じた自分の否定的な感情をけっして彼自身に対する不平不満や拒絶という形で非難することなく、問題自体に的を絞って率直に彼に訴える。――プラス四十点。

彼から〝愛情のボーナス〟を引き出せる時期は事前にわかる

前項に示した例はそれぞれ、男性がいかに女性とは異なった採点基準にのっとって自分の相手に点数を与えるかということを教えてくれている。といっても、女性がここに掲げたすべてを実践する必要はない。このリストで示したような状態にある時、男性はもっとも神経過敏になっていて、感じやすくなっていることを知っておくだけでもいい。

そんな時に、もし彼女が相手の望んでいるとおりに働きかければ、彼は非常な喜びを覚え、気前よく点数を与えるようになるのだ。

女性が男性に愛情を捧げるのにも、波というものがある。自分では同じように尽くしているつもりでも、心の奥深くではバイオリズムのようにその度合が変動しているのである。それは、知らず知らずのうちに彼にも伝わっていく。

彼女の波動が上向きにある時、彼に与える愛情のインパクトも強力になる。したがって、彼からは特別のボーナス点をつけ加えてもらえることにもなる。

同じように、男性が恋人や妻の愛情を必要とするタイミングにも波がある。したがって前項で示した例の点数も、双方のバイオリズムの状態によって変わってくる。彼が彼女からの愛情を望む度合が強ければ強いほど、より高い点数を与えることになる。

たとえば、もし彼が自分の失敗によってひどく自己嫌悪に陥ったり、後悔の念や屈辱感にさいなまれているとすれば、そんな時こそ彼は、より強い愛情を自分の愛する者に望むだろう。そういう時に、彼女がそれに応えて愛情のこもった尽くし方をすれば、より高得点を得られるのである。

自分が犯した失敗が深刻なものであればあるほど、その心の傷をいやしてくれる彼女の愛情に対する採点基準は高くなっていく。

人というものは、自分が必要としているだけの愛情を得ることができなかった時、相手を逆恨みすることがある。その時点における心の渇き具合に応じて、相手に罰則点を与えることになる。自分が犯した失敗が重大なものであるほど、はねつけられた時の傷つきようも大きいのである。

男性を〝責める〟より〝許す〟ほうにエネルギーを使おう

男性は、自分が犯した失敗によって相手の女性がひどく動揺したのを見ると、彼女に向かって激しく怒りをぶつけることがある。

彼自身の心理的な動揺の度合は、犯した失敗の規模や重大性に比例してくる。さしたる影響力のない小さな失敗であれば、彼はさほど自分の身を守りにかかろうとはしないが、自分ばかりではなく周囲にも大きな影響を及ぼすような重大な失敗をした時には、完璧な自己防衛態勢をとるようになる。

場合によっては、男性が大きな失敗を犯した時に素直に謝らないことがどうにも不可解な場合があるはずだ。その答えは明らかである。彼は、許してもらえないのではないかということを極度に恐れているからだ。

彼女を失望させてしまったということを認めるのは、実に苦しいことなのである。だから、彼はけっして彼女に謝ろうとはしない。それどころか、やり場のない怒りを彼女に向けてしまうのだ。

自分の失敗によって彼女が精神的な動揺をきたしたことに八つ当たりをし、罰則点まで科する。

こんな時、女性はいったいどのように対応すればいいのだろうか?

もし彼女がそういう状態の彼を、一過性の大竜巻のように扱い、通り過ぎるまでじっと身を地面に伏せながら耐えていることができるならば、彼は通り過ぎた後になって必ず彼女にビッグなボーナス点を与えてくれるはずだ。

彼が自制心を失って大竜巻のごとくに荒れている間に、彼女は彼を非難もせず、態度を改めさせようと働きかけもせずに、そっと見守っておいてくれたからである。もし、彼女が大竜巻に立ち向かっていったならば、悲惨な被害があっただろう。彼は、妨害されたことを激しく非難してくる。

これは、多くの女性が心しておかなければならない知識である。なぜならば、女性の常識では誰かが落ち込んだ時、女性たちはけっして彼女を無視することなく、身を地面に伏せて回避しようともしない。誰かが苦しんでいたら、周囲の全員が彼女が巻き込まれた問題についてあれこれと質問を浴びせかける。

だが、男性は大竜巻が起きると誰もが隠れ家を探し出し、その中に身を沈めて、やっかいな出来事が通り過ぎるのをじっと待つのである。

お互いにそれぞれの採点基準の違いを熟知し合えば、現在の関係をもっといい形へと発展させていくこともできる。そればかりか、私たちがすでに費やしてきたような莫大なエネルギーを必要とはしない。そのコツさえ心得ておけば、ずっと少ないエネルギーで事が足りるし、最愛のパートナーとうまくやっていくことは、そんなに難しいことではないのである。

6章

男に自信をつける〝女のひと言、会話の仕方〟

……〝男のやさしさ〟を上手に引き出すテクニック

Men are from Mars, Women are from Venus

もし、パートナーとの関係において自分が望んでいるような愛情や思いやりを得ていないと感じているのなら、その最大の原因の一つはあなた自身の求め方にある。相手に対するアピールが充分でなかったり、あるいはその方法自体が非効率的で誤ったものである場合が多い。

どんな人間関係においても、愛情や思いやりある扱いを自分から積極的に相手に対して求めていくことは、うまくいくために欠かせない条件である。もし、本当に幸せな愛情生活を手に入れたいと望んでいるなら、自分の手でそれをつかみにいかなければならないのだ。

だが、現実にはそれができる人はとても少ない。たいていの人が——男も女も——相手に対して効果的に愛情を求め、それを手に入れる術をわかっていないのである。だから、なす術もなく、ただ手をこまねいているだけで、いらだったり、方法を誤って落ち込んでしまう男女があまりにも多い。

とりわけ女性は、相手に愛情や思いやりある扱いを求めることを恐れ、フラストレーションや絶望感にさいなまれる傾向が強い。そこで本章では、女性が相手の男性の愛情と思いやりある行動を自分の手で勝ち取る方法について述べていくことにした。

手始めに〝待つ〟のをやめる

まず第一に、女性ははじめから根本的な考え違いをしている。

彼女たちは、自分から積極的に相手に向かって愛情や思いやりある行動を示すように求める必要はないと考えている。

なぜなら、女性は本来、直観的に相手のそういった要求を感じとることができ、相手が黙っていても全力をあげてそれに応えてあげようとするからだ。当然、男性も自分たちと同じであると思い込んでいる。

彼女たちは、ひとたび恋に落ちると、その相手に向かって本能的に自分の愛情を目に見える形で表現し始める。全身に喜びと情熱を露《あらわ》にし、あらゆる手を尽くして彼の世話をやこうとする。愛情が強まれば強まるほど、その度合も高まっていく。

だから、なにもわざわざ自分から男性に要求する必要はないと考える。「愛情とは、けっして相手に何も求めないこと！」が、彼女たちのモットーなのだ。それが他人に対して自分の愛情を示すための常識的な方法だったのである。

こういう考え方が常識となっているために、女性は相手が自分を愛してくれているのなら、当然、黙っていても愛の手を差しのべてくれるだろうと思ってしまうのだ。

時には、相手が本当に自分を愛してくれているかどうかを試すために意識的に黙ったまま、テストする場合もある。彼女が彼に合格点を与えるには、相手が自分の要求していることを黙って汲みとり、頼みもしないのにあれこれ気を配り、めんどうを見てくれなければならないのだ。

だが、こうしたかけひきは、男性を相手にした場合、少しも通じない。男性は、相手にしてもらいたいと思えば、自分からストレートにその旨を伝える。男性は、けっして本能的に自分のほうから愛の手を伸ばしていくような真似はしない。「～をしてあげる」と自ら積極的に申し出てくることはない。彼らは、他人から頼まれる必要がある。「頼まれれば、ひと肌脱ごう」というわけである。

だが、これは実行してみると実に難しいことがわかる。これはとてもデリケートな問題で、少しでもその働きかけ方を間違えれば、彼はおそらくそれをシャットアウトしてしまうはずだ。といって、まったく何の働きかけもしなければ、何もしてもらえないだろう。

交際が始まった頃は、女性が自分の望んでいるだけのことを相手からしてもらえなくても、彼女は「それが彼の限界なのだ。その程度の男なのだ」とあきらめることもできる。そして、愛情深く、忍耐強く、そんな男に尽くし続けるのだ。そのうちに彼も努力をして自分に追いついてくるに違いないと信じている。

しかし、彼の側は自分は充分に彼女を満足させていると思い込んでいる。彼女が自分にあれこれ細やかな世話をやき続けているからである。

彼は、彼女が見返りを期待していることなど少しも気がついていない。もし、そうだとすれば、彼女は自分に尽くすのを止めるはずだと彼は考えている。だが、彼女は、自分からわざわざ頼まなくても自発的に愛の手を差しのべてきてくれることを彼に期待しているのだ。

一方で彼は、もし彼女が本当に自分の支えを必要としているのなら、彼女のほうから頼んでくるべきだと思っているし、それを待っている。だから、彼女のほうが何のアクションも起こさない限り、彼は充分に彼女を満足させていると思い、それ以上は何もしようとはしない。

最終的に、彼女はおそらく彼に頼むことになるだろう。だが、その時までには、言いたいことを相当我慢しているので彼女の憤りは頂点にまで達している。そうなると、彼女の要求は穏やかさをなくし、ヒステリックな命令口調になってしまうだろう。

女性の中には、口で言わなければ彼は何もしてくれない、と腹を立てる人もいる。こうなると、彼女たちはたとえ自分の要求を相手が聞き入れ、望んだことをやってくれたとしても憤りの気持ちを鎮めることができない。

自分から頼まなければ何もしようとしない彼に対する怒りは、依然として解消しないのだ。

〝男のメンツ〟を尊重すると、彼はこんなにやさしくなる

男性は、女性から命令口調でものを頼まれても、いい反応を示さない。たとえ、相手の要求どおりのことをしてあげようと思っていたとしても、彼女の態度があまりにも強硬であれば「ＮＯ」と答えてしまうのだ。

要求が命令へとエスカレートしてしまった時、彼女は彼の思いやりある助言や助けを得るチャンスを失う。彼は、彼女が（命令口調で）頼めば頼むほど何もしてくれなくなってしまうのである。

こうした男性の本質を理解していない女性は、恋愛も結婚生活もうまくいかない。この問題は、かなり解決困難なことのように思えるが、必ず解決できる。

私のセミナーでは、これまでに何千人もの女性を対象にして、男性への上手な要求の仕方を教えてきた。彼女たちは皆、短時間でその術をマスターし、実践、つまり毎日の生活でちゃんと応用できるようになる。

そこで、本章では私たちが自分の望んでいることを相手に要求し、望みどおりに手に入れることができるまでの三つの段階を紹介していくことにする。

①もっと抵抗感なく男性に「YES」と言わせる法

第一の段階は、彼があなたのためにいつもやってくれること――とくに、重い物を運んでもらう、壊れたり故障したものの修理、家の内外の掃除、整理整頓といった細かい雑用――をもっと快く引き受けさせる賢い要求術を完璧に自分のものとする。

まず心得ておかなければならない重要なコツは、彼がすでに何度もやってくれたことがあるからといって、それを「当然のことだ」というような調子で頼まないことである。そして、彼がやり終えてくれた時には、大いに感謝の気持ちを表わすようにする。けっして、彼のほうから自発的にやってくれることを期待してはならない。

この段階では、彼に無理なことを要求しないことが重要である。彼がふだん、ごく自然にやってくれている細かな雑用に焦点を絞って頼むようにしよう。その際には、絶対に高飛車な命令口調にならないように気をつける。そうすれば、彼はあなたから用事を頼まれても不快にならず、そのように下手《したて》に出た口調で頼まれること自体に慣れて抵抗感なくやってくれるようになる。

彼が、あなたの頼みを命令されているかのように受け取ってしまうと、自分ではどんなに言葉を選んで丁寧な言い方をしたつもりでいても、思いもよらない誤解をされてしまうことがある。彼は、これまでの自分の実績をあなたが認めていないと受け取ってしまうのだ。だから、高飛車な命令口調で有無を言わさずに用事をさせようとしているのだと感じとる。

これでは彼に抵抗感を植えつけてしまうばかりである。そして、あなたの愛情を信じなくなっていく。この誤解は、あなたがこれまでの彼の実績を認め、感謝の意を表わすまで大きくなる一方である。どんなに頼んでも快くやってはくれず、しだいに何もしてくれなくなってしまうだろう。

こうして彼は、知らぬ間にあなたによって（それ以前に、すでに彼の母親によって経験ずみかもしれないが）用事を頼まれた時には、反射的に「NO」と答えるように条件づけされていく危険性がある。したがってこの第一段階では、あなたの要求に対して彼が積極的に「YES」と答えるように条件づけをしていこうというわけである。

男性は、自分のやったことが「当然のこと」のように受けとられず、あなたを喜ばせ、感謝されていることがわかると、あなたからの頼みに対して可能な限りの力を尽くして積極的に応じてあげようとする。そして、自発的に自分のほうから手伝いを申し出てくるようになるのである。

しかし、はじめからこのような反応を期待してはならない。けっして高飛車な口調で頼み事をせずに、下手に出ながら忍耐強く条件づけをしていくうちに、徐々にそうなっていくのである。

彼がすでに実績を示してくれていることへの要求から始める理由は、ほかにもある。あなたは、まず何よりも、相手が確実に自分の要求を聞き入れてくれ、積極的に応じてくれることを通じて要求術の基本を身につけていく必要があるからだ。何事も簡単なことから始めて基本をマスターしていくことは、上達の鉄則である。

ここに気をつければ、もっと気軽に〝ひと肌〟脱いでくれる

男性にものを頼むには四つの秘訣がある。（1）タイミングを選ぶこと、（2）命令するような態度・口調で頼まない、（3）用件は短く、（4）そしてわかりやすく、である。それぞれについて詳しく説明していくことにしよう。

1　タイミングを選ぶこと——進んでやろうとしていることに対して、わざわざ請求しないように気をつけよう。たとえば、もし彼がゴミを出そうとしている時に、あなたから「ねえ、悪いけどゴミを捨ててきてくださらない？」などと頼まれれば、どんなに丁寧な言い方をされてもカチンとくるだろう。せっかくやろうとしているのに、そんなことをしてくれるわけがないと決めつけられ、命令されているような気になってしまう。

ことほど左様にタイミングは重要である。また、彼が何かに熱中している時は、あなたの頼みにすぐ応えてくれることを期待してはならない。

2　命令するような態度・口調で頼まない。頼み事はけっして命令ではない――もし、あなたが憤りやいらだちを込め、高飛車な命令口調で相手に何かを頼んだら、たとえどんなに注意深く言葉を選んでも、彼はおそらく「NO」と答えるだろう。

3　用件は短く。説明が長いほど抵抗感が増す――彼がなぜあなたを助けなければならないのか、その理由をいくつもクドクドと並べ立てないようにすること。彼には、いちいち確認する必要がないと心得ておくべきである。

あなたの説明が長くなればなるほど、彼は抵抗感を募らせていく。あなたの頼みを正当化するための長い説明は、彼にあなたから少しも信頼されていないのだという気持ちを起こさせてしまう。そうなれば、彼はちっとも一生懸命になってくれず、いい加減にお茶を濁す程度のことしかしてくれないだろう。

あなたが精神的パニックに陥っている時に、彼からなぜそうなってはいけないのかという理由や説明をクドクド聞かされるのが嫌なように、彼もまた、あなたからなぜ自分の要求を叶えなければならないかをクドクドと説明されるのを嫌うのである。

女性は、よかれと思って自分の要求を正当化する理由を長々と並べ立てようとする。彼女たちは、そうすることで自分の要求がいかに正当なものであるかを彼が理解して快く手助けしてくれるだろうと考えている。

だが、それに対して男性は「だから、あなたは絶対に実行しなくてはならないのよ」と無理強いされているように解釈してしまうのである。説明リストの数が多くなればなるほど、彼の抵抗はなおいっそう強くなる。

彼のほうから「どうして、ぼくがやらなきゃいけないんだい？」と聞かれた時だけ、あなたは説明してあげればいい。その際にも、できるだけ手短に説明するように心がけること。無条件に彼を信頼していることを伝えよう。

4 そしてわかりやすく。変に回りくどい言い方はさける

——女性は、彼に助けてほしい時、自分が抱えている問題については話すが、結局何をしてほしいというような言い方をしないことが多い。彼女は、それだけで彼が自発的に支援を申し出てきてくれるはずだと思い込み、直接的に頼むことを怠るのである。

間接的な要求は、暗に相手に対して自分の要望を伝えることができるが、変に回りくどくて男性につまらない邪推をされたりする。時どきは間接的な言い方をすることもかまわない。だが、それが頻繁に何度も繰り返されると彼は抵抗感を募らせ、何もしてあ

げる気がなくなってしまうのである。

彼自身も、おそらくなぜ自分がそれほど抵抗感に駆られるか、その理由がわかっていない。そこで、次にいくつかの間接的な言い回しによる要求の例をあげ、男性がそれらに対してどのような反応を示すかを見ていくことにしよう。

こんな〝間接表現〟では真意が通じない

〈例1〉本来、女性がわかりやすく短く表現すれば「ねえ、子供たちを迎えに行ってきて」となるところを「子供たちを迎えに行く時間なんだけど、私は行けないのよ」という回りくどい言い方をする。こういう言い方はすべきではない。なぜならば、相手は次のように受け取ってしまうからである。

「あなたはなんとか時間をつくって、子供たちを迎えに行かなければならないのよ。あなたが少しも頼りにならない冷たい人じゃないという証にね」

彼はまるで命令されているかのように解釈してしまうのである。

〈例2〉「車の中から買物をしてきたものを取ってきてくれない?」のひと言も「車の中に買物をしてきたものがあるんだけど……」と間接的な言い回しをしたばかりに「車の中

に置いてきたものを取ってくるのはあなたの仕事でしょ。私は買いに行ってきたのよ」と、まるではじめから当然のことだと予期されているかのように受け取ってしまう。

〈例3〉「今夜、食事に連れて行ってくれない？」と素直に頼めばよいことを「とてもじゃないけど、きょうは夕食をつくっている暇がないわ」と言うので、次のようにとられてしまう。

「私はこれまで、あなたのためにこんなに尽くしてきたじゃないの。少しやってあげすぎた感じよ。たまには外へ食事に連れて行ってくれてもいいじゃない。そのくらいのことはしてくれるべきよ」。つまり、男性は彼女が自分の日常的な行動にひどく不満を抱いていると受け取ってしまう。

〈例4〉「今週の日曜日、どこかへ連れて行って」と言うべきところを「私たち、ここ数か月はどこも行っていないわね」と婉曲《えんきょく》に訴える。

「あなたは私をちっとも大事にしてくれないのね。私がしてもらいたいと望んでいることを少しも叶えてくれようとしない。一週間に一度ぐらいはどこかへ連れて行ってくれたっていいじゃないの」。彼は、あなたが怒りをぶちまけているかのように受け取ってしまう。

〈例5〉「近いうちに、ゆっくりと話し合う時間をつくってくれない？」と言うべきところを「私たち、よく話し合う必要があるわね」と言うので、彼はこんなふうに誤解する。

「私たちにコミュニケーションが欠けているのは、あなたのせいよ。充分に話し合う時間を少しもつくってくれないじゃないの。あなたは、もっと私と話をしてくれなくてはいけないわ」。彼は、自分が激しく非難されているように受け取ってしまう。

女性が男性に対して援助を要求する際に、もっとも犯しやすいミスの一つは「〜してほしいの」という言い方をしないことである。たとえば「ゴミ箱がいっぱいだわ」と言うのは、単なる情報提供である。「ゴミを捨ててちょうだい」という言い方が要求だ。

女性は、よく「〜できるかしら?」とか「〜だわ」いう言い回しをして、「〜してほしいの」という本意を間接的に相手に伝えようとする。だが、前述したように間接的な要求は、自分の意図をそのまま相手に伝えてはくれない。たまに使えば、せいぜい無視される程度だが、執拗に乱用し続ければ相手をいらだたせ、怒らせてしまう。

相手の男性は、次のような言葉を投げかけて怒りをぶつけてくるだろう。

- 「クドクドと説教じみたことを言うんじゃない」
- 「いつも回りくどい言い方でああだこうだと言いやがって。うるさいんだよ!」
- 「君に言われなくても何をしたらいいかわかっているよ」
- 「ガタガタとあれこれ嫌みを言うのはやめてくれ」
- 「この俺に命令するのはやめてくれ」

こういった男性の言葉が女性の耳にどう聞こえようとも、彼らが本当に言いたいことは「君の要求の仕方が気に入らないんだよ」ということである。

だが、もし女性の言葉の言い回しが、いかに男性に影響を与えるかを理解できなければ、彼女は頭をより混乱させてしまうに違いない。相手にものを頼むことが怖くなり、ますます「〜できるかしら?」「〜してもらえるかしら?」という頼み方をするようになる。なぜならば、彼女はそのほうがより丁寧で礼儀正しいと考えているからである。

男はみんなこの〝言い方〟にカチンとくる

私が自分のセミナーで、この言葉の使い方の説明をする時、どの女性も「取るに足らないようなことに何を大げさなことを言うのかしら」といぶかる傾向がある。彼女たちにとって「〜ができるかしら?」という言い方と「〜してほしいの」という言い方の間には、たいした差はないのだ。せいぜい、前者のほうが後者よりも丁寧な言い方だと思っている程度である。

だが、大部分の男性にとって、両者の間には天と地ほどの大きな違いがある。なぜならば、その意味の違いが極めて重要だからだ。そこで次に、私のセミナーに参加した何人かの男性による証言を紹介して、彼らに与える影響力の大きさを示していくことにする。

1

「ぼくは、妻に〝あなたに裏庭の掃除ができるかしら？〟と聞かれれば、その言葉どおりに解釈してこう答えます。〝もちろん、できるさ。簡単なことじゃないか〟。でも、けっして〝いいよ、僕がやってあげるよ〟とは言わないでしょう。それに、たとえ〝もちろん、できるさ〟と答えても、それで掃除をすることを約束したとも思いません。すぐに忘れてしまうでしょう。でも、もし彼女から〝裏庭の掃除をしてもらえる？〟とストレートに頼まれれば、やるかやらないかの決断をつけはじめます。そして、その気になれば、やはり同じように〝もちろん、できるさ〟と答えるでしょう。でも、この場合の〝もちろん、できるさ〟は掃除をすると約束したということなのです。私は、裏庭を掃除しなければならないということを肝に銘じ、約束を果たすまで、けっして忘れることはないでしょう」

2

「妻から〝クリストファーのおむつを換えられる？〟という聞き方をされれば、私は心の中で密かに〝もちろん、換えられるさ〟と答えます。赤ん坊のおむつの交換なんか簡単な作業です。いくら不器用なぼくにでも、その気になれば苦もないことです。でも、めんどうくさくなってあまりやる気がしない時には、おそらく口実を考え、うまく逃げ出してしまうでしょう。それに対して〝クリストファーのおむつを換えてちょうだい〟と直接的に頼まれれば逃げようがありません。ぼくは直ちに

〝いいよ〟と答え、実行するでしょう」

3
「ぼくは〝～ができるかしら？〟というような聞き方をされると、憤りを感じざるを得ません。そんな聞き方をされれば、答えの選びようがなくなり〝できるさ〟としか答えられなくなってしまうじゃないですか。もし、私が〝できない〟と答えれば彼女は機嫌を損ねてしまうに違いありません。これでは要求とか頼み事ではなく、まるで命令や脅迫ですよ」

4
「つい先週、妻が私に〝きょう、庭に花を植えられるかしら？〟と聞いてきたのですが、私は、ためらうことなく〝できるよ〟と答えました。その後、彼女は外出したのですが、帰ってくるなりすぐに〝花を植えてくれた？〟と聞いてきました。でも、私はすっかり忘れていたのです。〝いや、まだだ〟と答えると、今度は〝じゃ、明日はできる？〟と聞きました。もちろん、私はためらいもなく〝できるよ〟と答えました。実を言うと、この言葉のやりとりが先週からずっと続いているのです。それでもまだ庭に花は植わっていません。もし、彼女が〝明日、庭に花を植えてちょうだい〟と直接的な言い方をしてきていたら、おそらく私はいい加減に聞かずに〝いいよ〟と答えていたでしょう。そして、忘れることなく、必ず約束を守っていたと思います」

5
「彼女から〝あなたにできるかしら？〟と聞かれれば、おそらくぼくは〝できるよ〟と答えるでしょう。でも、心の中では彼女に対して怒りを感じていると思います。もし、ぼくが〝できないよ〟と言ったら、彼女はかんかんになって怒り出すに決まっています。そう思うと、なんだか脅迫されているみたいで嫌になってしまうんです。でも〝やってもらえるかしら？〟と聞かれたら、ぼくには〝YES〟と〝NO〟の選択権を与えられた感じがする。ぼくが、自分の意志で選ぶことになるんです。そうすると、気持ちよく心の底から〝やってあげるよ〟と言えるのです」

あなたが、この二つの言い回しの違いがはらんでいる重要性を自分なりに理解するためには、次のようにロマンチックな場面と関連づけて考える方法もある。男性が最愛の恋人に結婚を申し込んでいる場面を想像してもらいたい。

彼の胸は、頭上に光り輝いている満月のように彼女への恋慕の情で満ちあふれている。その思いははちきれんばかりに膨れあがり、ついに彼は決定的なひと言を口にする決心をする。突然、彼女の前にひざまずき、両腕を差しのべて彼女の両手を握りしめる。そして、彼女の目をじっと見つめながら、やさしくこうささやくのだ。

「ぼくと結婚してもらえるかな？」

残念なことに、おそらくそのひと言でそのロマンスは終わってしまう。「～してもらえるかな？」という言い回しは、彼が弱々しくて頼りにならない男だというイメージをつくり出し、男性としての価値を一時《いちどき》に下げてしまうのだ。その決定的なひと言を口にした時、彼は不安と自信のなさをさらけ出す結果となる。これでは相手の心を強く動かすことはできないのである。

もし、代わりに力強く簡潔に「結婚しよう！」と言っていたら、彼の情熱や頼もしさが充分にアピールできていたはずだ。これが、プロポーズを成功させる極意なのである。永遠に自分を強い愛情で包み込み、安心して人生を送らせてくれる頼りがいのある男性でなければ、女性が人生の伴侶として選ぶわけがないであろう。

同様に、男性もまた、女性からこの方式で彼女が自分に望んでいることを要求されたいと思っている。「～しようよ」とか「～してほしいの」という直接的な言い回しを試みよう。「できるかしら？」という言い方は、あまりにも遠回しで間接的すぎる。信頼感に欠け、ごまかしと弱々しさばかりが感じられるだけである。

あなたが「このゴミを出せるかしら？」と言う時、彼が察知するメッセージは「もし、あなたにそれができるのなら、あなたはやらなければならない。私があなたにそう命じるわ！」というものである。彼からすれば、その程度のことをするのは明らかに造作もないことだ。

だが、彼女のおよそ人に頼み事をする時のマナーではないような物言いに、へそを曲げてしまうのである。彼女は、ただ自分を意のままに操り、彼女のために何をさせるのも当然だと考えている。そうだとすれば、たとえ簡単にできるようなことでも、絶対にしてなるものかと思って当然なのである。

では、①を完全にマスターできたところで第二段階へと進もう。

②より多くのことを要求して手に入れる法

彼に対してより多くのことをやってもらおうと要求する前に、次のことを確認してほしい。それは、彼がすでにあなたのためにやったことに対して、あなたから「感謝されている」という実感を充分に得ているかどうかである。

これまで以上のことをやってほしいという期待感を露骨にさらけ出すことなく、これまでと同じペースでさり気なく彼のサポートを求めていくことによって、彼は単に感謝されているだけではなく、自分が必要とされているという実感を持てるようになるのだ。

相手に〝選択の自由〟を与えたほうが「NO」と言われにくい

彼があなたの愛情を実感し、あなたからの愛を得るために自分を無理に繕《つくろ》う必要はないと感じているとしよう。そうなると逆に、彼はあなたを支えるために多少は自分を自発的に変えてみる気になる。そうなれば、あなたも彼に「まだ尽くし方が足りない」というメッセージを伝えることなく、より多くのことを求める冒険に乗り出せるようになるのである。

第二段階は、たとえ彼があなたの要求に対して「NO」と答えても、あなたの愛情は変わらないということを彼に認識させることである。あなたから示される、より深い要求に対して「NO」と答えることが可能であると感じた時、彼はその要求に対して、より積極的に「YES」と答えるようになる。

男性というものは「NO」と答える自由が与えられれば与えられるほど、快く「YES」と答えたくなるものだということを肝に銘じておこう。

女性にとっては、彼に自分の要求をいかにうまく伝えるかを学んでいくことも大切だ。しかし、相手の「NO」という答えをいかに受け入れていくかを学ぶことも同じように大切である。

女性は、自分が相手に要求する前から、すでに直観的にその答えを予感する傾向がある。もし、彼が自分の要求に対して抵抗を示すだろうと感じ取れば、もうその段階であえて要求しようとはしなくなる。そればかりか勝手に拒絶されたと思い込み、精神的に不安定な状態に陥ってしまったりするのだ。もちろん、彼には何が起こったのか、わけがわからない。すべては、彼女の頭の中だけで展開していく〝ひとり芝居〟なのである。

この第二段階では、このような状況に陥らずに彼からの支えや協力を求めていく方法を学んでいく。たとえ、彼が抵抗感を示し「NO」と拒絶されるかもしれないことでも、とにかく言葉にして要求していくようにしなければ話は始まらない。

たとえば、テレビのスポーツ中継に熱中している夫に向かって妻が「あなた、近所のスーパーマーケットへ行って夕食用の鮭を買ってきてくれない?」と頼むとする。はじめての体験である。おそらく彼女はこの質問をする時、すでに彼からの「NO」という答えを予期しているだろう。

彼は、非常に驚くに違いない。なぜならば、そんなふうにものを頼まれたことなど一度もなかったからである。おそらく彼はこう答えるだろう。

「いま、ちょうどいいところなんだ。君は行けないのかい?」

それに対して、彼女はこう言い返したいと思う。

「もちろん行けるわよ。でも、私はいつもひとりで家事を何もかもやってきたわ。あなたの召使いでいたくないのよ。たまには何か手伝ってくれたっていいでしょ!」

だが、それを口に出してしまえば、おしまいである。あなたが頼んだことに、彼が必ず拒否してくるとはじめからわかっているような時には、それに反発せずに「そう、仕方がないわね。いいわよ」というような答えを用意しておくべきなのだ。

さらに彼に合わせた答え方をしようと思えば「そうね。いいわ。私が行くから」と、よりさり気なく、ごく当然のような顔をしてこれに応じる。こういう反応が彼の心をなごませ、あなたの愛情を感じさせるのである。そうなった時に、彼はあなたからの無理な要求に対しても「YES」と答えてあげたくなるものだ。

はじめから「YES」と応じてもらえそうもない要求でも、とにかく口に出して相手にぶつけてみる。

そして、その際には彼が「NO」と答えてもまったくかまわないという雰囲気と反応を示すことが大切であるということを覚えておこう。彼に拒否する自由と安心感を与えるのだ。

ただし、この方法はたとえ彼から拒否されてもかまわないという場合に限って用いるようにすべきである。

彼の助けを借りることができれば有難いが、めったに頼む機会がないような用事を選ぶ。彼から拒否されても、あなた自身が気分を害さないですむことを確認しておこう。

次に、私が言おうとしていることを、いくつかの実例を通して示しておくことにする。

〈ケース1〉 彼が自分のことに熱中している時、よそで遊んでいる子供を迎えに行ってほしくなった。普段は、彼のじゃまをしては悪いと思い、自分がすることである。

そういう場合には「ねえ、あなた。悪いけどジュリーを迎えに行ってきて、お願い。迎えにきて、と電話してきたの」と頼む。もし、彼が「ＮＯ」と言ったら、単に愛想よく「そう、いいわ」と答え、快く自分で迎えに行く。

〈ケース2〉 彼は、家に帰ってくると、ただ食事ができあがるのを待っているだけで、手伝おうとか、自分で料理をつくってみようなどとは、したことがない。ある日、彼女はどうしても彼に料理を手伝ってもらいたくなった。だが、そんなことは以前に一度も頼んだことはない。彼女は、当然、彼が「ＮＯ」と答えるだろうと予期している。

そういう場合には「じゃがいもを切るのを手伝ってくれない？」とか「今夜、夕食をつくってほしいの」と頼む。もし、彼が「ＮＯ」と言ったら、ひと言だけ愛想よく「そう、じゃ、いいわ」と答える。

〈ケース3〉 夕食が終われば、彼はテレビの前に座り、彼女は食器洗いをするのが日常である。だが、その晩彼女は彼に食器洗いをしてもらいたくなった。だが、なかなか言い出せない。なぜなら、彼が食器洗いなど大嫌いでやってくれるわけがないと思い込んでいるからだ。別に無理をしてやってもらわなくてもいいのだが、たまには手伝ってもらってもいいと思う。それに、その日の彼女はいささか疲労感も強い。

そういう場合には「今夜は食器洗いを手伝ってほしいんだけど」とか「ねえ、あなた。テーブルから食器を運んできて」と頼む。もし、彼が「ＮＯ」と言ったら、快く「そう、じゃ、いいわ」と答え、自分ひとりでさっさと片づける。

〈ケース4〉彼は映画を観に行こうと主張し、あなたはダンスに行きたいと思っている。普通はあなたが彼の映画を観たい気持ちを尊重し、ダンスに行こうなどとせがんだりはしないのだが、その日はなぜか、そうしてみたくなった。

そういう場合には「今夜はダンスに連れて行ってもらいたいの。久し振りにあなたと踊ってみたくなったのよ」と言う。もし、彼が「NO」と言ったら、快く「そうね。じゃ、あきらめるわ」と答え、彼の主張どおりに映画を観に行く。

〈ケース5〉二人とも、ものすごく疲れていて早くベッドに入りたいと思っている。しかし、ゴミをまだ捨てていなかったことに気がついた。収集日は翌朝である。彼女は、彼がどれほど疲労し切っているかを思い、彼にゴミ出しを頼むことがなかなかできない。

思い切って「ねえ、ゴミを外に出してきてほしいんだけど」と頼む。もし、彼が「NO」と言ったら、快く「いいわ」と答え、自分が捨てに行く。

〈ケース6〉彼は最近、とても仕事が忙しい。朝から晩までスケジュールがいっぱいに詰まっている。だが、修理に出していた自動車の整備が終わったので、工場まで取りに行かなければならなくなった。通常、彼女は彼がスケジュールの調整をするのが困難なのがわかっているから、彼に頼むような真似はしない。だが、今回はどうしても行ってもらいたいのだが……。

そういう場合には「自動車の修理が終わったみたいなんだけど、今度はあなたに受け取りに行ってもらいたいの」と頼む。もし、彼が「NO」と言えば、快く「いいわ、私が行く」と答える。

こうすれば男の〝許容範囲〟はグンと広がる

いずれのケースにおいても、女性はあらかじめ相手から「NO」という答えが出てくるのを予測し、心の準備を整えておく必要がある。それを快く受け入れ、さらに彼を信頼してあげるようにするのである。彼の「NO」を快く受け入れ、もし彼に時間と心の余裕ができれば、彼のほうから支援や協力を申し出てきてくれることを信頼しているという態度を示すようにするのだ。

彼があなたの頼み事を拒否した時、けっして責めたりせずに快く理解を示すたびに、彼はあなたに五〜十点の点数を与える。そして、次の機会にあなたが何か頼み事をした時には、より前向きな反応を示すようになるのだ。つまり、愛情と思いやりのこもった要求の仕方をすることによって、あなたは彼があなたに対してより多くのものを与えてくれる可能性を大きく広げていると言っていいだろう。

私はこのことを、何年か前に私の下で働いていた女性によって教えられた。彼女と私は、ある慈善事業に取り組んでいたのだが、そのために何人かのボランティアを集めなければならなかった。

そこで彼女は「トムに頼みに行きます」と私に言ってきた。彼は私の友人である。それを聞いた私は彼女にそれを止めさせようとした。ちょうどその時期は彼が非常に多忙で、とても私たちの慈善事業にまで手が回せない状態であることを知っていたからである。

「彼を困らせてはいけないよ」と、私は彼女に忠告した。

だが、彼女はそれを承知でとにかく頼んでみると言った。いささか気分を害した私がその理由をただすと、彼女はこう答えたのである。

「彼を訪ねて、とにかく一生懸命に協力してくれるようにお願いします。それでも、もし彼の答えが『NO』だった時には素直にあきらめて、快く帰ってきます。そうすると、またの機会に私が次の事業のお願いにもう一度行った時には、今度こそ進んで引き受けてもらえるのではないでしょうか。彼が私について、いい印象を持ってくれているはずだからです」

彼女は正しかった。そのもくろみどおりに、トムはその次に私たちが計画した大きな慈善事業に積極的に協力してくれたのである。

もし、あなたが男性に何か頼み事をした時、彼から拒否されることを快く認め、理解を示してあげられるようになれば、彼はそのことをしっかりと心に刻み込んで、次の機会には喜んで助けてくれるようになるだろう。

だが、その一方で、もし、あなたが遠慮をしすぎて自分の要望をすべて犠牲にし、何も意思表示をしなければ、彼には自分があなたからいかに必要とされているかが永久に伝わらない。「前回は自分の拒否を気持ちよく受け入れてくれたから、今回こそ引き受けよう」などという気持ちが湧いてきようがないのだ。何の意思表示もされずに、どうしてあなたの本心が読み取れるのか？

あなたが愛情と思いやりを込めた気持ちで相手の心の扉を叩き続けるうちに、彼はしだいにその〝許容範囲〟を広げていき、「ＹＥＳ」と答える確率を高めていくのである。この段階になれば、あなたは彼にもっと新しいことを要求できるようになる。そして「ＹＥＳ」と答えてもらえる確率も高くなる。これが、健全な愛情関係を築きあげていく一つの方法なのである。

無理して「YES」と言っているうちは、まだ〝他人の関係〟

お互いに自分の要求を遠慮なく伝え合い、それに対して「ＮＯ」と答える自由を与えられているような男女の関係は、実に健全である。

たとえば、私はこんな体験をしたことがある。娘のローレンが五歳を迎えた頃のことだった。私たち一家は、友人家族と一緒にわが家で夕食を終え、歓談していた。すると、ローレンが私のところへやってきて〝曲芸遊び〟をしてほしいとせがんだ。彼女の体を空中高く抱きあげ、曲芸の真似事をする遊びで、私は暇があると彼女にやってあげていた。

だが、その時の私はそれに応じなかった。

「きょうはダメだよ。パパはとても疲れているんだ」

だが、彼女はあきらめなかった。しつこく私の体にまとわりついてきて、ふざけながらせがみ続ける。

「お願い、パパ。お願いよ、パパ。一回だけでいいからやって」

そこへ私の友人が口をはさんだ。ローレンに向かってこう諭した。

「ローレン、よくお聞き。君のパパはとても疲れているんだ。きょうは仕事が忙しくて大変だったんだよ。無理を言っちゃダメだ」

ローレンはすぐに反論した。

「ただ聞いているだけでしょ！」

それを聞いて、私の友人はこう言い聞かそうとした。

「でも、君のパパは君のことをとても愛しているんだよ。君に頼まれたら『NO』と言えないんだ」

すると、私の妻と三人の娘が声を合わせてこう言った。

「そんなことはないわ。パパは『NO』と言ってもいいのよ！」

私は、自分の家族がとても誇らしかった。もし私が「NO」と言えないとすれば、それは私自身の問題であって、けっしてローレンが悪いのではないのだ。そこに行きつくまではかなりの時間を要したが、私たち一家はお互いに遠慮なくそれぞれの要求を示し合い、それを自由に拒否することができるようになっていったのである。

③あなたの要求を通すための〝究極のテクニック〟

第二段階を習得し、相手の「NO」という答えを快く受け入れることができるようになったら、あなたは第三段階へ進む準備を万端整えたことになる。

ここまでくれば、あなたは自分が相手にしてもらいたいと望むことをフルに要求し、確実に実行させることが可能になる。あなたが彼の助けを求めた時に、もし彼が何らかの口実を設けて拒否しようとしても、第二段階の時のように「あらそう、じゃ、いいわよ」とすぐにあきらめるようなことはしない。彼が「YES」と言うまで粘り続けるのだ。その方法を学んでいこうというのである。

たとえば、彼がいままさにベッドに入ろうと寝室へ向かっているとする。そこであなたは「ねえ、あなた。近くのスーパーマーケットへ行って牛乳を買ってきてほしいんだけど」と買物を頼む。おそらく彼はこう答えるだろう。

「きょうは、ものすごく疲れているんだ。早く眠りたいんだよ」

それに対してあなたは、第二段階のように直ちに「それじゃ、いいわよ」と受け入れてあげる代わりに何も答えないのだ。その場に立ったままで無言を通す。それが、彼に「YES」と言わせる、より大きなチャンスを生み出すのである。

自分の主張を認めさせる要求術のハイテクニックの一つは、要求を出した後は沈黙を守り続けることである。相手に自分が望んでいることを求めた後、彼がうめき、うなり、文句を言うことは目に見えている。

私は、男性が何かを要求された時、それに対して示す抵抗反応は皆、多かれ少なかれこういった形をとると思っている。その時点で彼が何かに神経を集中させていればいるほど、彼の抵抗は大きくなる。それは、あなたの要求に対する直接的な反応ではけっしてない。それはあなたが要求した時点で、どれだけ他のことに神経を集中させているかということなのである。

だが、女性は一般的にこうした男性の抵抗を誤解してしまう。彼女は、彼が自分の要求に嫌悪感をもよおし、拒絶しようとしているのだと受け取るのだ。しかし、それは違う。彼の抵抗は、むしろあなたの要求について考慮中であるというサインなのである。もし、彼がまったく相手にせず、考えてくれていないのなら、極めて冷静に「NO」と言うだろう。

したがって、男性がうめいたり文句を言ったりするのは、あなたにとって好ましいサインなのだ。彼は、あなたからの要求と自分が処理すべき問題との狭間に立って、どちらを選ぶかを一生懸命に考えている。

つまり自分の内側でそれまで神経を集中させていたことから、あなたに要求されたことへと思考回路の方向転換を図っている。その際に、ちょうどちょうつがいが錆びついているドアを開ける時には異様な物音がするように、異様な声を発するのである。その声は、しばらく無視していれば、やがて聞こえなくなる。

このように、男性が抵抗の声を漏らしている時は、あなたの要求に「YES」と答えようとしているプロセスと考えていい。だが、大部分の女性がその反応を誤解してしまうために、彼に向かって頼み事をするのを止めたり、あるいはこれを自分に対する個人攻撃だと受け止めて報復に出るのである。

前のたとえ話の中で、寝る直前にあなたから牛乳を買ってくるように頼まれた相手の男性も、おそらくうめいたり、うなったりするだろう。

「ぼくは疲れているんだ。早くベッドに入って眠りたい」

彼は、さもうるさそうにこう言う。

もし、あなたが彼の反応を誤解して拒否と受け取ったのなら、こう反発するに違いない。

「私はあなたに夕食をつくってあげたじゃないの。食器洗いもした。子供たちを寝かしつけもした。でも、あなたがしたことは何なの？　カウチポテトを決め込んでいただけじゃないの！　それでも、私は多くのことをあなたに望んではいないわ。少しぐらいは助けてくれてもいいじゃない。私はいま、疲れ切っているの。家中の仕事を一度に全部片づけたような気分よ」

こうして激しい言い合いが始まる。

だが、これに対してもしあなたが、彼の抵抗の声が単なる迷いの声にしかすぎず、それは「ＹＥＳ」と答える前兆であることを知っているのなら、あなたの反応は沈黙ということになるはずだ。あなたの沈黙は、彼がやがて心を広げて「ＹＥＳ」と答えてくれることを信頼しているサインというわけなのである。

ただし、時間的に言って、朝は比較的、心をおおらかにさせるのが難しいということを心得ておくといい。目覚めてから時間を経るほど、相手に対して寛大になれるようになるものだ。

したがって、相手の男性が迷っているのを見た時には、彼がまだ朝の起き立てで、しだいに心を広くさせていくプロセスにあると考えよう。そのプロセスを完了すれば、彼は大きな心を持てるようになる。そのためにも、彼は最初に抵抗する必要があるのだ。

感謝されると、男はここまで素直になれる

私自身にも、妻から寝る直前に牛乳を買ってくるように頼まれた経験がある。

その時に、はじめてこのプロセスに気がついたのである。彼女から夜の買物を頼まれた時、私もまた抵抗し、大声で反論した。だが、私と論争する代わりに、彼女はただ黙って私の声に耳を傾けていただけだった。彼女は、最後には私が頼みを聞いてくれると心密かに確信していたのだ。案の定、最終的に私は彼女の思惑どおりにバタンとドアを閉めると車に乗り込み、スーパーマーケットへ向かった。

そこで、私に何かが起こった。それは、すべての男性に共通して起こることなのだが、女性はまったく気がつかないことだった。私は車を運転してスーパーマーケットへ向かううちに、牛乳のことも、抵抗したこともすべて忘れてしまったのだ。気がついてみると、私は妻に対する愛情と彼女の頼みを聞き入れ、力になることの喜びを感じ始めていた。そして、自分がつくづくと〝いいやつ〟だと感じるようにもなった。

信じてほしい。私は、その感覚が非常に心地よかったのである。

スーパーマーケットに到着するまでには、私は心の底から牛乳を買うことに幸福感を持てるようになっていた。私の手が牛乳パックをつかんだ瞬間、私は自分の新しい目的を達

成できた気がした。一つの目標を達成するたびに、男性はいつもいい気分になる。自信がついてくる。

私は、うきうきとした気分で牛乳パックを右手で取り上げ、振り返って店内の人びとに向かってこう誇りたかった。

「みんな、この俺を見てくれ。俺はいま、妻のために牛乳を買っているんだ。俺は、なんとやさしくて心が広い男なんだ。そう思わないか?」

私が牛乳を買って家に帰ると、妻のボニーはことのほか喜んでくれた。私に飛びついてきて抱きつきながら「ありがとう。本当にありがとう。おかげでわざわざ着換えなくてすんだわ」と言った。

この時、もし彼女が私を無視したら、私は彼女に憤りを覚えていただろう。また、その次に同じことを頼まれたら、なおいっそう文句を言い、抵抗したに違いない。だが、彼女は私を無視しなかった。代わりに大きな愛情を示してくれたのである。

私は、素直に「なんとすばらしい妻を私は持っているんだ」と思った。私があれほど反抗的な態度を示し、文句を言ったにもかかわらず、彼女はそれでも私に感謝をしてくれているのである。

その次に再び彼女から牛乳を買ってくるようにと頼まれた時、私はそれでも少しは抵抗感を示してしまったことを覚えている。だが、もちろん彼女の思惑どおりに私はスーパーマーケットへ車を走らせた。家に帰ってくると、彼女は同じように感謝の気持ちを表わしてくれた。三回目に頼まれた時、私はまったく抵抗することなく、すぐ自動的に「もちろんさ」と答えることができるようになった。

それから約一週間後、彼女は私に牛乳の買物を頼まなくなった。それに気がついた私は彼女に自分から「買ってこようか?」と申し出たのである。だが、彼女はもうすでに自分が買ってきてあるから大丈夫だと言った。

驚いたことに、それを聞いた時の私は、なぜかガックリと失望感に襲われたのである! 私は牛乳を買いに行きたかったのだ。彼女の愛情が私に「YES」と言わせるようにプログラムを組んでしまっていたのである。

それ以来、今日に至るまで私は彼女からスーパーマーケットまで牛乳を買いに行ってきてと頼まれると、喜んで「YES」と答えている。

私自身、このような心の内側の変化を経験した。妻が私の反発を受け入れてくれ、牛乳を買って帰ると心から感謝の意を表わしてくれたことが私の抵抗感を一掃し、逆に自発的に彼女を手助けして支えてあげたくさせてしまったのだ。

あの時以来、彼女がこれまでやらされたことがないような新しい手助けや雑用の要求をしてきても、私はずっと気軽に、抵抗感を覚えることもなく、素直にそれに応じてあげられるようになった。

こんな〝買い言葉〟は自分を傷つけるだけ

あなたが彼に頼み事を思いどおりにやってもらおうとするのなら、その重要な鍵となる要素の一つは、要求や依頼をした後に、必ずしばらくの間は無言でいることである。そうすることによって、彼の心の内側で起こる反抗心と受け入れようとする気持ちとが葛藤する時間を与え、後者が前者に打ち勝つのを待つのである。その間、けっして彼が発する抵抗や反発の声に対する抵抗を試みてはならない。

あなたが、沈黙の〝間〟を取り続ければ取り続けるほど、思いどおりに彼の助けや協力を得ることができるはずだ。もし、沈黙を破るようなことがあれば、たちまちあなたはその〝神通力〟を失ってしまうだろう。

女性はつい、こんな言葉を口に出してしまい、沈黙を破って彼を意のままに動かす力を失ってしまう。

- 「じゃ、いいわ。そのことはもう忘れてちょうだい」
- 「あなたがそんなことを言うなんて、私にはとても信じられないわ。私がどれほどあなたに尽くしてきたと思っているのよ」

「別にたいしたことをしてくれと頼んでいるわけではないでしょ」

「たった十五分ぐらいのことじゃないのよ。どうして気持ちよくやってくれようとはしないの？」

「ああ、まったくガッカリしたわ。本当に傷ついた」

「あなたは私のためにやってくれないというの？」

「どうして、こんな簡単なこともできないの？」


ほかにも無数の〝買い言葉〟があるはずだ。あなた自身でもよく考えてもらいたい。いずれにしても、自分の要求に対して彼が心の内で葛藤しているのを誤って判断し、なんとか実行させせようと焦って沈黙を破りがちになりやすいから要注意である。彼の反抗的な発言を、けっして〝売り言葉〟と受け取ってはならない。まともに〝買う〟必要はないのだ。

会話の説得力は「間の取り方」でこうも違ってくる

たとえばあなたが、なぜ実行しなければならないかを納得させるために激しい論争を展開していくとする。その結果、彼がイヤイヤ実行してくれたとしたら、やはり気分は良くないだろう。彼はあなたに対する反抗心を募らせているに違いない。この次に何か頼み事をする時には、より反抗的な態度を示してくるだろう。

したがって、彼にあなたの頼みや要求を叶えるチャンスを与えたいと思うのなら、自分の希望を伝えた後に〝間〟を取ることが大切になってくるのである。自分は口をつぐみ、ただ相手の言葉に耳を傾けるようにする。そうすれば、彼は必ず「YES」と言うのだ。

くれぐれも、彼が抵抗を続けているのは、あなたに対する反発からきているのではないということを覚えておこう。あなたが彼に対して論争をふっかけたり、あくまでも自分の主張を押し通そうとしない限り、彼はあなたに反発しようがないではないか。

たとえ彼が反抗的な態度のまま、あなたの目の前から立ち去って行ったとしても、彼は必ずあなたの頼みを聞いてくれるはずである。もし、二人がお互いにそれを実行するか否かはすべて彼の選択しだいであることを充分に認識し合っているのなら、必ず実行してくれるようになる。

しかしながら、時には彼も「YES」と言ってくれない場合があるだろう。あるいは、自分を正当化しようとして、あなたに質問をぶつけ、論争をふっかけてくる場合もあるに違いない。それには、くれぐれも注意深く対処する必要がある。あなたが沈黙の〝間〟を取っている間に、彼は次のような質問をしてくることがある。

「なぜ君ができないんだ?」

「ぼくには本当に時間がないんだよ。頼むから君がやってくれないか?」

「ぼくはものすごく忙しいんだ。本当に時間がない。ところで、君はいったい何をしているんだい?」

このような質問は、たいてい単なる誇張的なものにしかすぎない。だから、あなたは沈黙を守り通せるはずである。彼が本当にあなたの答えを必要としていることが明らかな時以外は、けっして口を開かないようにしよう。

もし、彼が本当に答えを必要としている時には、可能な限り簡潔に答えることが大切である。あれこれとよけいな御託は並べない。単純明快な答えを一つだけ、スパッと返してあげればいい。そして、その後で再び要求をする。

第三段階で相手に要求する頼み事は、あなたの内側で確信が持てるものばかりのはずである。「このくらいのことは彼にやってもらっても当然だ。彼もまた、わかってくれれば必ずやってくれる」と心中密かに自信を持って要求できなければならない。

もし、彼が「NO」と言ったり質問を返してきたりした時には、自分が要求していることは、彼がいま神経を集中させていることと同じくらいに大切なのだというメッセージを、手短な返答の中で伝えるのだ。そして、もう一度あらためて要求する。

けっして相手の言うことに対して反発的に答えるわけでもなく、正当な理由を述べて納得させるわけでもない。ただ単に、相手の反論に対してうまく調子を合わせるだけだ。

もし、彼が疲れているのなら、「私のほうがもっと疲れている」という理由をあれこれと並べ立てて無理強いしてはならない。あるいは、彼が忙しいようなら、けっして自分のほうがもっと忙しいなどとクドクド説明して納得させようとしてはいけない。

「なぜ彼がやらなければならないのか」という理由を並べ立てるのだけはさけよう。あなたは単に頼み事をしているのであって、けっして命令しているわけではないのだ。

もし、彼が抵抗し続けてくるようなら、第二段階へ立ち戻り、彼の拒否反応を快く受け入れるようにする。そういう時は、あなたがいかに失望しているか、その気持ちを伝えるのには適切なタイミングではない。

このような時に、あなたが思いやりある対処をして愛情の強さを印象づけておけば、彼はその次に何か頼み事をされた時には、より積極的に助けてくれるようになる。

このように、あなたが時と場合に応じてバラエティに富んだテクニックを使い分けられるようになると、彼からの手助けや協力を思いどおりに取り付ける確率は高くなっていく。たとえ、あなたが第三段階で学んだ、賢明な〝間の取り方〟をちゃんと使っていたとしても、時と場合によっては第一段階と第二段階に立ち戻り、臨機応変に使い分けていかなければならないのだ。

言い換えれば、あなたはけっして遠慮をしたり恐れたりすることなく、適切な方法で援助や協力を求めていくべきなのだ。そして、場合によっては相手の拒否を気持ちよく受け入れる必要があるということである。

誰もが気づいているようで実行していない「愛を深める知恵」

おそらく、あなたはこんなことを考えたことがあるに違いない。

「男性というのは、なぜあれほど何かを頼まれることに神経を尖らせるのだろうか?」

その理由は、何も彼が怠け者だからというのではない。彼はただ、自分が相手から認められ、受け入れられ、信頼されているのだと実感したいのだ。

相手のほうから、より多くのことを求められるということは、彼からすれば「私はあなたを少しも認めていないわ。信頼もしていない。そもそもあなたは、私にもっとたくさんのことをすべきなのよ」というメッセージを受け取ったのと同じことなのだ。

現在の自分のあるがままの姿が認められていないということは、男性にとって耐え難いことである。

それは、女性が自分の気持ちを相手に打ち明けている時に、自分の話をしっかりと聞いてもらえているか、そして理解してもらえているかについて、非常に神経を尖らせるのと同じである。

彼を変えようとする他人からのあらゆる試みは、彼に「こいつはいまのぼくを好ましく思っていないんだ。満足していないからぼくを変えようとしているのだ」と感じさせ、警戒心を抱かせてしまう。

〝何事もこわれるまでは修理をするな〟が男社会のモットーである。だから、男性が自分の最愛の女性から現在の自分に満足してもらえず、より多くのことを望まれ、変えさせられようとしていることを感じた時、女性が自分に対して「こわれている」というメッセージを送ってきていると受け取るのだ。

それは彼の心に「自分は彼女から愛されてはいない」という気持ちを自動的に植えつけてしまう。

いかにして相手の助けや協力を求め、思いどおりに自分のものとしていくか、そのエッセンスをしっかりと自分のものにすれば、二人の関係はとても豊かなものになっていく。あなたが望んでいる愛情と支えを思いどおりに自分のものにしていけるようになればなるほど、あなたの相手もまた、自然に幸福を感じるようになる。男性というものは、自分が愛する女性を充分に満足させていることを実感した時に、このうえもない幸福感に浸ることができるのである。

彼からの助けや協力を得る正しい方法をマスターすることによって、あなたは彼の愛情をもっとたくさん引き出せるようになる。あなたはその愛情を必要とし、それを受けるだけの資格があるのだ。

次の章では、そうやって自分たちのものとした〝愛の魔術〟の効力を永遠に保つための秘密を探っていくことにする。

7
章

〝二人の愛〟をさらに深める心理法則

……男と女の〝愛情のパラドックス〟

Men are from Mars, Women are from Venus

男と女の愛情関係には一つのパラドックスがある。それは、すべてがうまくいき、強い愛情で結ばれているとわかっていても、突然、パートナーが遠い存在に感じられたり、ひねくれて反抗的な反応をとってしまったりする場合があることである。

次に示したいくつかの実例が、それを教えてくれるはずだ。

何が愛を〝うとましさ〟に変えてしまうのか

1 あなたのパートナーに対する愛情は募るばかりである。だが、ある朝、目覚めてみると、なぜか彼（彼女）に対して言い知れぬ憤りやうとましさを感じている自分に気がつく。

2 あなたは彼（彼女）に対して愛情深く、忍耐強く、そして心広く接している。だが、ある日突然、不満を感じ、相手にあれこれ要求したくなってしまう。

3 あなたは、彼（彼女）に対する愛情を失っていくことなど、とても想像できない。だが、ある日突然、言い争いが生じ、急に別れることを考えるようになる。

4 彼（彼女）はあなたに実によくしてくれている。だが、ある時ふっと過去に自分をないがしろにした時のことを思い出し、急に憤りが甦ってくる。

5 あなたは、相手の魅力にことのほか引かれている。だが、ある時突然それがわからなくなる。なぜ、あれほど魅了されていたのか、その理由がどうにもわからなくなる。

6 あなたは、彼（彼女）と喜怒哀楽を共にすることが、このうえない喜びである。だが、ある時、急に二人の関係について不安になり、思いどおりにならなくなっていらだちを覚えるようになる。

7 あなたは、彼（彼女）の愛情を絶対的に確信でき、自分に対しても自信を持っている。だが、ある時突然、その自信を失い、情緒不安定になる。

8 あなたは、相手の言動に対して非常に寛容になれる。だが、ある時、急に彼（彼女）に対して非寛容的になり、批判的になって相手に怒りを感じ、自分の意のままに動かそうとする。

9 あなたは、相手の魅力に完全に参っている。だが、ある時突然、彼（彼女）のひと言により、なぜかその気持ちがまったく失せてしまう。あるいは、他の異性に魅力をより感じるようになる。

10 あなたと彼（彼女）のセックスは非常にうまくいっている。だが、ある日、相手が求めてきた時に急にその気が失せてしまい、生理的に嫌悪感を覚えるようになる。

11 あなたは自分の愛情生活と自分自身の幸福について充分に満足している。だが、ある日突然、わけもなく言い知れぬ不満感に襲われ、自分の生活も自分自身も、まったく値打ちのないものに感じられるようになる。そして、孤独感と無力感にさいなまれるようになってしまう。

12 あなたは彼（彼女）とデートの約束をしている。その日は、いつものように朝から胸をワクワクさせて時間が経つのを待っている。だが、約束の時間に約束の場所に行って相手に会ってみると、なぜかいつもと違う感情に襲われた自分に気がつく。彼（彼女）の何気ないひと言にひどく失望感や反発心を覚えたり、一緒にいることに疲れを感じるようになったり、感情的な隔たりを感じさせられるようになる。

ひょっとすると、あなたはパートナーの側も同じような危機感を覚えていることに気がついているかもしれない。時間を見つけて、ここに掲げた十二例のリストを何度も読み返してもらいたい。

そして、あなたばかりではなく彼（彼女）の側にも突然、あなたに対する愛情を失い、あるいは何かをしてあげたいという気持ちがなくなってしまう可能性があることに関して考えてみよう。

恋愛とは「裸の自分」と向き合うこと

おそらく、あなた自身がこういった相手の突然の変化をすでに何度か体験ずみのことではないだろうか。

時としてそういう状態に陥ってしまうのは、激しく愛し合っていればいるほど、双方に共通して起こりやすい傾向である。きのうまであれほど愛し合っていたのが、一夜明けると今度は逆に激しく憎み合い、喧嘩を始めるようになることがよくある。

このような突然の変化は、頭と心を混乱させる。もし、私たちがそういうことがなぜ起こるのか、その理由を理解しないままにこの事態に直面すれば、言い争いがエスカレートし、決定的にぶつかり合うだろう。あるいは、もう二人の仲はおしまいだと早計にも結論づけてしまうかもしれない。

だが、幸いにもそれにはしっかりとした説明ができる。二人が瞬間的に〝心変わり〟するケースはよくあることなのだ。そのことを知らなければ、二人の仲は長続きしない恐れがある。

恋愛をすると、誰でも感情が不安定になるものだ。ある日、お互いに強く愛し合っていることを心底から実感し、至上の幸福感に酔いしれる。だが、その翌日には相手の愛を信じるのが急に怖くなってしまったりするのだ。相手の愛情を信じ、受け入れなければならないような場面に直面した時、ふと過去の痛い思い出が頭をもたげてくる。

私たちは激しい恋愛感情を持つと、自動的に抑圧感が湧いてきて、一時的に愛の感覚が曇り、憂《ゆう》うつな気分になる。そうすると、突然、イライラし始め、自己防衛的になって相手に対して批判的な目を向けるようになる。相手の心が信じられなくなって憤りを募らせ、要求したいことがたくさん出てきて、ついには怒りを爆発させてしまったりするのである。

だが、こうした抑圧感は、あなたを解放し、いやすために湧き起こってくるものだ。この類の感情は、過去に自分が表現できずに密かに心の中にしまっておいたものである。

それらが、ようやく表面に出てきても安全だと感じられるようになった時に突然、私たちの意識の中に堰《せき》を切ってあふれ出てくる。

つまり恋愛感情が、それまで胸の奥深くに凍結させてあった抑圧感をとかし、表面に引っ張り出したのである。そして、不安定な感情を生み出し、しだいに二人の関係をも浸食していってしまうのだ。

しかし、もし、相手に対する愛情と信頼感を失わずにいられるならば、この不安はいつかは必ず和らぎ、消し去ることができるはずなのである。そうした不安定な感情は、あなたが愛されているという充足感を実感できるようになるのを待っていたのだ。私たちの心を、この段階でいやすために湧き起こってきたのである。

なぜ、素敵なバカンスのあとは〝いさかい〟が起きやすい？

私たちはみな、過去の傷という未解決で不安定な感情を胸の奥深くに秘めながら日常生活を送っている。その感情は、誰かから本当に愛されるようになるのを待って表面に顔を出してくるのだ。

もし、私たちがこのような感情を上手に処理することができれば、より精神状態は安定し、私たちの愛の生活はより豊かで創造的なものとなり、二人の可能性は無限に広がっていく。

だが、もし過去の傷をいやす代わりに激しく相手と争うようになり、非難を浴びせるようなことになれば、精神状態をますます混乱させ、再び感情を著しく抑圧していくことになる。

問題なのは、このような抑圧感が「こんにちは、私は未解決のまま胸の奥深くに閉じこめられていた不安定な感情ですよ」などとは挨拶をしてくれずに、いきなり顔を出してくることである。

もし、あなたが過去に抑え込んできた疎外感や孤立感が湧き起こってきたとしても、あなたは目の前のパートナーによってそういう気持ちにさせられていると感じてしまうのだ。

過去の苦痛が現在に投影されてしまうのである。

ある日、あなたは最愛の異性とめぐり合い、激しい恋に落ちる。そうすると、その愛情が私たちに充分な安心感を与えてくれ、心を開放してそれまで抑えてきた感情に気づかせてくれるのである。

愛情が私たちの心を大きく開き、そして私たちは苦痛を感じ始めるようになる、というわけだ。

たとえば、次のような場合に、よくそういうことが起こる。

待望の新居に引っ越したばかりの時、家の内装を改造した時、卒業式の日、結婚式の当日、贈り物をもらった時、バカンス旅行に出かけた時、ドライブを楽しんでいる時、一つのプロジェクトを完了した時、クリスマスや感謝祭を祝う時、悪い習慣を改めた時、新車を購入した時、発展的な転職をした時、昇進した日、宝くじに当たった日、金儲けに成功した時、素晴らしいセックスを体験した時、大いに散財をして楽しもうと決めた時などである。

人の心理にはすべて「九〇対一〇の原則」が働いている

私たちが心の奥深くに密かに閉じこめておいた過去の好ましくない感情が、どのようにして表面に顔を出してくるかがわかれば、なぜ愛し合っている二人がお互いのちょっとした言動によって、傷つきやすくなるかが理解できるようになるはずである。

私たちはパートナーとの関係の中で、説明のつかない心の乱れを経験することがある。そして、その原因の九〇パーセントは、実をいえば自分の過去に関係がある。自分では、目の前で起きている彼（彼女）とのことが原因だと考えているが、実はほとんど関係なく、遠い昔に経験したことに起因している部分が大きいのである。一般的に、現在の経験が関係しているのは、わずか一〇パーセント程度だと考えていい。

例を一つ見てみよう。もし、あなたのパートナーがあなたに対して、少しばかり反抗的な態度をとり始めたように感じたとする。

おそらく、あなたは心をちょっぴり傷つけられるだろう。しかし、立派な大人であるあなたは、きっと今日は何か嫌なことがあったので自分に八つ当たりしているのだろうと理解を示してあげることができるに違いない。そんなふうに想像を働かせることができる限り、相手の反抗的な態度によって傷つくことはない。

だが、別の日に同じような態度をとられると、今度はひどく傷つけられてしまう場合がある。それは、心の奥底に秘めていた過去のいまわしい感情が、その日に突然頭をもたげてきたからにほかならない。

その結果、あなたの神経は相手の反抗的な態度に対して、より敏感になってしまうのだ。

前日には取るに足らないことだと思うことができた相手の態度が、その日はひどく苦痛に感じられ、大きな傷を受けてしまうのだ。

その理由は、おそらくあなたが子供時代に同じようなことで激しく傷つけられた経験があって、その時の感覚が、突然湧きあがってきたからである。相手の反抗的な態度（本来なら、取るに足らないと見過ごすことができる程度の）が、過去の大きな傷を思い出す引き金となり、傷口を大きく広げてしまったのである。

子供時代の私たちは、まだ何も知らない単純無垢な存在である。自分の目の前で両親が繰り広げるさまざまな否定的な出来事が、彼らの問題であって自分とはまったく関係がないということが理解できない。したがって、両親が示すすべての応酬が、みな、自分に向けられていると解釈してしまうのだ。

このような子供時代の感覚が甦ってくると、あなたは相手の何気ない言動を（たとえ相手には、あなたに反抗するつもりがない場合にも）自分に対する反抗的態度や拒絶、あるいは非難の声と受け取ってしまうことになる。

このような時に〝大人の会話〟を交わすことは困難である。あなたは、すべてを誤解してしまっている。パートナーが反抗的な態度を示しているように感じた時、それに対する反応のわずか一〇パーセントだけが直接的な彼（彼女）からの影響であり、残りの九〇パーセントは、あなた自身の過去がそうさせているのである。

誰かに腕を軽く突っつかれたり、ぶつかられたりした場合を想像してもらいたい。たいした痛みではないはずだ。傷つくこともないだろう。だが、外傷や炎症を起こしている箇所を誰かに突っつかれたり、ぶつかられたりしたとすればどうか。ひどい痛みを感じるはずである。傷口が広がって出血する場合もあるだろう。

それとまったく同じことが私たちの心の傷にも起こるのだ。もし、未だに完治していない過去のいまわしい思い出に関する感情が湧き起こってくると、私たちは普段は何のトラブルもなく突っつき合ったりぶつかり合ったりしている相手との極めて日常的な触れ合いに対してでも、過剰に反応するようになってしまうのである。

異性とつき合い始めた頃は、私たちはそれほど神経過敏になることはない。過去の感情が湧き起こってくるまでには、かなりの時間がかかる。だが、ひとたびそれが湧き起こってくるようになると、私たちはパートナーに対して、それまでとは違った反応を示すようになる。

もし、未だに私たちの心の奥深くに未解決のまま閉じこめられている過去のいまわしい記憶や感情が甦ってこなかったら、異性関係において私たちを苦しめる、さまざまな感情的トラブルの九〇パーセントはうまくさけられるのである。

〝書く〟ことで自分の気持ちも整理される

男性は、自分の過去が甦ってきた時、たいてい自分の穴の中に閉じこもろうとする。そういう時の彼は、極めて神経過敏になり、そういう時こそ女性の理解と許容を必要としていることは、これまで何度も述べてきたとおりである。

これに対して、女性の過去が甦ってくると、彼女は、自分の感情の泉の中に沈み込んでいく。必死になってあがくが、そこから脱出するには誰かのやさしい救いの手を借りなければならない。

これがわかっていれば、そういった状態に陥った時にも自分の感情をコントロールしていくのに非常に有効である。そして、もし、あなたが相手の態度によって精神的に混乱をきたすようなことがあったら、彼（彼女）にそれをぶつける前に、まず紙の上に自分の感情を書き連ねてみることをお勧めする。つまり、ラブレターを書いて自分の感情を素直に表現し、相手にぶつけるのだ。

ラブレターを書くというプロセスを通して、あなたの否定的な感情は自然に解きほぐされ、過去の心の傷はいやされてくる。ラブレターを書くという作業は、あなたの神経を現在に集中させてくれる役割を果たす。そうすることによって、あなたは相手に対して、より理解と信頼を示し、寛大な気持ちで接することができるようになる。

九〇対一〇の原則を理解できるようになれば、相手があなたに対して強硬な態度を示してきた時にも、大きないさかいにならずに事をおさめることができる。

彼（彼女）がそういう態度をとる本当の原因は自分にあるのではなく、過去の経験にあるのだということを承知していれば、相手に対してより理解ある接し方をしてあげられるようになる。

そして、パートナーが、強硬で反抗的な態度に出た時には、けっしてその過剰反応ぶりを指摘してはならない。それは、相手をより傷つけ、刺激するだけだ。誰かの傷口を意識的に突っつき、相手が飛び上がって痛がる様子を見て、それを過剰反応だと指摘することはけっしてないだろう。それと同じである。

過去の感情がいかに甦ってくるかを理解することができれば、私たちは自分の相手がなぜ時として思いもよらない反応を示すのか、その本当の原因を理解できるようになる。それは、パートナーが精神的に不安定な状態をいやしているプロセスの一部なのである。

したがって、相手のそういう反抗的態度に直面しても、けっして反発し返したりはせずに、彼（彼女）がそのプロセスを経て気持ちを鎮める時間を与える必要がある。しばらく放っておけば、必ず再び元の状態に戻る。

「過去の悩み」と「現在のトラブル」を仕分ける〝ラブレター〟法

あなたの過去が、いかに現在の自分の言動に大きな影響を与えているかを理解できれば、自分の感情をコントロールしていくことも、たやすくなる。もし、あなたの相手が何らかの形で自分を苦しめ悩ませていると感じた時には、彼（彼女）に向かってラブレターを書くようにするといい。そして、書きながらそれが自分の過去とどのような関係があるのか自問自答してみよう。

書いているうちに、過去の記憶が次から次へと鮮明に浮き上がってくるはずだ。そして、あなたを本当に苦しめている原因は、自分の父親や母親にあるのだということを発見できたりするのである。

この時点では、ラブレターを書き続けながら、その矛先を自分の両親に向けて書くようにする。次に、それに対して、あなたが両親からもらいたいと望んでいる返答を自分なりに考えて書く。そして、相手と一緒になって検討をするのだ。

彼（彼女）は、あなたの〝手紙〟を真剣に読むだろう。そして、あなたが言わんとしていることを充分に察知するはずである。つまり、過去の体験がいかに現在の異性関係に大きな影響力を与えているかを理解するのだ。もし、パートナーがあなたの心の傷の九〇パーセントが自分の育ってきた過程に起因していることを認め、その責任を負おうとしてくれるようになれば、それは実にすばらしいことである。

この自分の過去に関する理解がなければ、いつまでたっても相手を非難するだけだろう。少なくとも、相手から責められ、非難されているという被害者意識にとらわれ続けるに違いない。

もし、あなたが自分のパートナーに対して、より敏感に自分の感情を察知してもらいたいと思うのなら、あなた自身が過去に経験した苦痛に満ちた感情を、相手にも経験してもらうように働きかけることである。そうすれば、彼（彼女）は、あなたの感受性をよりいっそう理解できるようになる。

そういう意味では、私がここで言う〝ラブレター〟は、それを実現させるもっとも効果的な機会をつくり出してくれる、すばらしい処方箋なのである。

こうすれば「縮こまった自分」を解放できる

私流の〝ラブレター〟を書いていきながら、あなた自身の感情を掘り下げていこう。おそらく、あなたは最初に自分が考えていたのとはまったく違った原因で、心が不安定になっていたのだという事実に気づくだろう。より深い意味を持つ原因を知り、感じ、経験することによって、否定的な感情は消し飛んでいくのである。

私たちが否定的感情にすぐとらわれてしまう傾向があるのと同じように、私たちはまた、直ちにそれを解き放つこともできるのである。

次に、その実例をいくつか示してみよう。

1 ある朝、ジムは目覚めるとなぜか彼女をとても疎《うと》ましく感じるようになった。彼女が何をしても、彼には煩わしく感じられ、ただうるさいと敬遠したくなってしまったのだ。そこで、彼は彼女にラブレターを書くことにした。そのプロセスの中で、彼が本当に精神状態を混乱させてしまった原因は、母親による世話のやきすぎだったことを発見した。小さい頃の彼は、母親の過剰なまでの監督下にずっと押さえられていたのである。その感覚が、にわかに湧き起こってきたのだ。
そこで、彼は短い〝ラブレター〟を母親宛に書いた。その手紙を書くために、彼は母親の監督下に置かれ、抑圧感にさいなまれていた時代に戻った自分をイメージするように試みた。彼はこの手紙を書き終えた後、直ちに自分を取り戻し、もはや相手に対して疎ましくも煩わしくも感じることがなくなった。

2 彼と知り合ってから数か月、激しい恋愛に身を焦がしてきたリサは、このうえもなく幸福な日々を過ごしてきた。だが、ある日突然、何とも言えない嫌悪感を恋人に対して覚えるようになった。

だが、彼女はラブレターを書いていくにつれ、本当は自分が彼に充分なことをしてあげていないのではないかと恐れていることに気づいた。そして、彼はそんな自分にもう愛情を失ってしまったのではないかと恐れていることを発見していったのである。自分の内面に潜んでいた恐怖心に気がついたリサは、そのおかげで再び彼に対して強い愛情を感じ始めることができた。

3

夢のようにロマンチックな一夜を共に過ごしたビルとジャンは、その翌日、激しい喧嘩をしてしまった。それは、ビルがちょっとした約束を忘れてしまったことに対して、ジャンが少しばかり腹を立てたのが発端だった。いつも冷静な彼と違って、その時、彼はいますぐ別れたいと思うほど自分を失ってしまっていた。

後になってラブレターを書いてみると、彼が本当に恐れていたのは彼女が自分のもとを去り、捨てられてしまうことだと気がついた。彼は、子供時代に自分の目の前で両親が喧嘩したのを見て、どのような感情を持ったのかを思い出したのだ。そこで彼は両親に向かって手紙を書いた。すると、たちまち彼女に対する深い愛情を再び感じ始めることができるようになった。

4 スーザンの夫、トムは毎日、仕事に追われて時間の中を綱渡りするような生活を送っている。ある晩、トムが帰宅すると、スーザンはものすごい剣幕で怒り出した。頭の中では彼が忙しいことは充分承知しているのだが、感情的にはどうしても抑えることができなかった。

そこで彼にラブレターを書くことにしたのだが、そのプロセスで彼女は自分が本当に怒りをぶつけたかったのは自分の父親であることを発見したのである。

彼女の父親は、小さい頃に自分と母親を残して家を出て行ってしまった。残された彼女は、生活が荒れ、自分に辛く当たる母親との二人暮らしの中で、言い知れぬ無力感と疎外感にさいなまれながら育った。その時の感情が、ここへきていやされるために甦ってきたのである。

彼女は、自分の父親に向けてラブレターを書いた。すると、たちまちのうちにトムに対する怒りの感情は胸の中からすっかり消し飛んでいった。

5 ラケルはフィルにひと目惚れして、ひとり片思いに胸をときめかせていた。日を追って恋しい思いは募るばかりである。

そんなある日、「愛しているから、つきあってもらいたい」とフィルのほうから彼女に申し込んできたのだ。ところがその翌日、彼女は突然に心変わりしてしまった。彼女は彼に猜疑心を感じ始め、急激に情熱を失っていったのである。

彼女は、彼にラブレターを書くことにした。そのプロセスの中で彼女は、実は自分が父親に対して怒りを感じていたことを発見した。彼女の父親は、母親に対して非常に受け身で、自分からは何の愛情表現もしようとはしない人間であった。それは母親を深く傷つけていたのである。父親に向けてラブレターを書き終え、自分の内側に不完全燃焼のまま残っていた否定的な感情をすべて吐き出した彼女は、すぐにフィルに対する愛情を取り戻した。

ラブレターを書き始めても、いつも過去の記憶や感覚が直ちに甦ってくるとは限らない。だが、あなたがしだいに自分の心を開き、自分自身の感情に深く入り込んで行くうちに、あなたの心を不安定にしているものがわかってくるだろう。

この〝わだかまり〟の根は深い?

これまで見てきたように、愛情は私たちの過去の不安定な感情を甦らせる。そしてまた、私たちが望んでいることを叶えてくれもする。このことをはじめて学んだ時のことを私はよく覚えている。

もう何年も前のことである。ある晩、私は当時の恋人とベッドを共にしたくなり、彼女にそれとなく誘いをかけた。だが、彼女はそんなムードではなかった。私は、それを受け入れざるを得ず、すぐにあきらめた。

次の日、私は再びほのめかしてみた。だが、彼女の反応は同じだった。その次の日も——。

二週間もすると、さすがの私もいらだちの気持ちを抑えようがなくなってきた。だが、その頃の私は、まだ気持ちをうまく相手に伝える方法など知りようがなかった。

そのために、自分の気持ちやフラストレーションを彼女に向かって訴える代わりに、私はいかにも自分が満足して、何もかもがＯＫであるかのように装っていなければならなかった。

私は、自分の否定的な感情をすべて心の奥深く、ぎゅうぎゅうにしまい込み、そのうえで相手を愛そうと努力しなければならなかったのである。だが、その二週間の間に、私のいらだちは日増しに募っていく一方であった。

私は、自分の持てる力をフルに使って彼女を喜ばせ、幸福感を与えようと努力をした。だが、それはあくまでも表面的なもので、実を言えば心の中では彼女の拒絶に対していらだち、憤っていたのである。

二週間経った時、私は彼女のために可愛らしいナイトガウンを買いにデパートへ行った。そして、その晩、彼女にプレゼントした。彼女は箱を開けると、驚いた様子を見せ、さも嬉しそうな声をあげた。私は、彼女に着てみるように言った。だが、彼女は「いま、そんなムードではないわ」と言った。

この時点で、私は完全に降参した。彼女とのセックスのことは考えなくなった。そして仕事に没頭し、セックスに対する欲望を忘れようとしたのである。私は、自分の内側で性的な欲求不満や彼女に対する憤りの気持ちを抑圧し、それでいいと自分を納得させるようになっていった。

しかしながら、それからさらに二週間ほど経ったある日、私が仕事から家に帰り着いた時、思わぬ事態が待ち受けていたのである。彼女は、ロマンチックな夕食を準備し、私の帰りを待っていた。見ると、驚いたことに私が二週間前にプレゼントしたナイトガウンを身につけているではないか！　室内の照明は暗く調節され、ムーディなＢＧＭが流されていた。

あなたにも、私の反応は想像できるだろう。

突然、私の心の中に大きな憤りの波が押し寄せてきた。心の内で「四週間も、もったいぶりやがって」と叫んだ。私が、この四週間の間に抑圧し続けてきた憤りといらだちの気持ちが一気に甦ってきたのである。

この感情に関して私たちはじっくり話し合った。すると、彼女が私をどれほど愛してくれているか、あらためて気づき、長い間わだかまっていた憤りの気持ちをいやすことができるようになったのである。

〝出会った頃の愛情〟は取り戻せる

このようなパターンを、私は他の状況にも数多く見出すようになっていった。私のカウンセリング室においても、この現象が頻繁に見られるようになった。良かれ悪しかれ、相手が最終的にそれまでのかたくなな態度を変える時、あなたは突然、冷淡になり、とてもついていけないと感じるようになる。

メリーは、ビルがようやく彼女に何かしてくれるようになると、感謝をするどころか「何よ、いまさら。遅すぎるわ」とか「だから何だというのよ」というような憤りに満ちた反応を示してしまった。

私は、この結婚してから二十年以上にもなる夫婦のカウンセリングを何度も行なってきた。彼らの子供たちはすでに立派に成長し、とっくに家を出ている。だが、彼女はいちばん下の子供を巣立たせた直後、突然に離婚をしたくなってしまった。

彼のほうは、ある朝目覚めると自分が変わる必要性に気づいた。そして、彼が意識して自分を変え始め、彼女がそれまで二十年間も待っていた愛情と思いやりある行動で接し始めたのだ。

しかし、彼女はそれに対して冷淡な態度をとったのである。

それは、まるで彼女がこの二十年間に味わってきた苦しみを、彼にも味わわせてやろうとする報復のようにも思えた。だが、幸運なことに、そうではなかったようである。

二人はお互いの感情をさらけ出し合いながら、よく話し合った。そして、彼のほうが自分がいかに彼女をないがしろにしてきたか、それに対して彼女がどんな気持ちでいたかを理解していくうちに、彼女はしだいに彼の変化を受け入れるようになっていったのだ。

もちろん、こういうことはこのケースとはまったく正反対の場合にも起こり得ることである。夫のほうが妻から離れたくなり、それに気がついた妻がその理由を知り、自分を変えようと努力をし始める。だが、やはりはじめは夫の冷淡な拒絶にあってしまうかもしれない。

この場合も、時間が経てば同じように夫は妻に対する愛情を取り戻し、いい関係を築きあげていくことができるのである。

「心の枷《かせ》」がはずれた時、男と女はどうなるか

「遅ればせながらの反応」は、日常生活においてよく起こることである。社会学的に「可能性を高めることによる危機」と呼ぶ類のものである。

たとえば、それはアメリカ国内では一九六〇年代のジョンソン大統領時代に起こった。この頃、黒人をはじめとする少数民族に、それまでけっして与えられることのなかった大きな権利――公民権が与えられた。彼らにも、ようやくひとりの人間として、白人と同じような権利が法律的に与えられたのだ。

ところが、その結果はどうだったか？　国内のいたるところで彼らの怒りが爆発し、暴動が頻発した。アメリカ中に暴力の嵐が吹き荒れ始めたのである。長年にわたって少数民族を抑圧し続けた結果、積もりに積もった怒りの気持ちが一気に解放され、爆発したのである。

これは、抑圧感が突然、顔を出してくるもう一つの別の例である。少数の人間がそれまで以上に認められ、支持されるようになったことを実感した時に、彼らは長年にわたってしいたげられてきたことに対する怒りの感情が、一気に盛りあがってくるのを感じるのだ。

パートナーとの関係は〝美しい庭園〟のようなもの

パートナーとの関係は庭園のようなものである。もし、美しい緑に覆われ、草花が咲き誇るような見事な庭園をつくりあげようと思えば、絶えず豊富な水を与えていなければならない。それと同じように、理想的な二人の関係を築きあげようとすれば、絶えず愛情と思いやりを充分に与えていく必要がある。

といって、ただ漠然と水を与えさえすれば美しい庭園ができあがるかと言えば、けっしてそうではない。それだけでは不充分である。四季の移り変わりや予期せぬ天候変化に備え、あるいは臨機応変に特別の細やかな心づかいをしていかなければならないのだ。新しい種を蒔く必要もあるし、雑草を取り除く必要もある。

同じように、愛の魔術の効果を保ち続けていくためにも、私たちはその四季を理解し、必要としている特別な滋養を与え、心細かな世話をやきながら理想的なパートナーシップを築きあげていかなければならない。

春——理想とする異性を見初め、熱い恋心が芽ばえ、そして望みどおりにその相手と恋に落ちることができた時、それがあなたの愛の季節の始まり、つまり、春である。私たちは、あたかもその幸せが永遠に続くかのように感じる。その相手を愛さなくなってしまうことがあるなど想像もできない。この季節は、まさに純粋無垢な時代なのである。二人の愛は永遠なものであるかのように思える。
この時期は、何もかもが完璧なものであるかのように思われ、何の努力をしなくてもすべてがうまくいくのが当然だと確信できる、まさに魔法の時間なのである。自分にとってその相手こそが、赤い糸で結ばれた唯一無二のかけがえのない存在であると固く信じることができる。二人は、何の屈託もなく気持ちを合わせて一緒に踊ることができるし、至上の幸福と幸運を心の底から喜ぶことができる。

夏――やがて、二人の愛情生活にも確実に夏の季節が訪れてくる。この頃になると、あれほど理想的な存在であるかのように思われた相手を見る目が変わってくる。彼（彼女）が自分が思っていたほど完璧な相手ではなかったことを認識するようになるのだ。関係を良好に保っていくためには、それなりの努力をしていかなければならなくなってくる。

相手は自分とは考え方や感じ方がまったく違うし、時として誤りを犯し、欠点も多い人間なのである。当然、お互いの間にフラストレーションや失望感が生じてくる。そういった〝雑草〟は取り除かねばならず、ギラギラと照りつける真夏の太陽の下では、とくに念入りに〝水や滋養分〟を与えていかなければならない。

もはや、これまでのように何の努力も苦労もなく、ごく自然体のままでいても簡単に愛を与え、自分も必要としている愛を手に入れることは難しくなった。ここへきて、私たちははじめて二人の生活が常に幸福に満ちたものではなく、絶えず相手に対して愛情を感じていられるものではないということに気づく。それは、私たちがはじめに描いていた（春の頃のことである）愛の絵ではけっしてない。

この時点まで到達した多くのカップルは、お互いに幻滅を感じるようになっている。彼らは、けっして自分たちの関係に何らかの働きかけをすることを好まない。一年中、春でいられるようにと非現実的な期待感を抱いている。そう思いどおりにならないとなると、相手を非難し、そしてあきらめてしまう。

時によっては、ギラギラした夏の太陽の下で、額に汗して〝重労働〟をしなければならなくなってくることがあるのだ。

この時期には、私たちはパートナーが必要としていることを認識・理解し、その線に沿って自分のほうから何らかの形で働きかけなければならない。と同時に、自分のほうからも相手に望みたいことは、きちんと彼（彼女）に伝えるようにする。

秋――夏の間に念入りな手入れを加えた結果、私たちは自分の〝重労働〟の成果を収穫することができる。こうして秋の季節がやってくる。この時期は、まさにゴールデン・タイム（黄金の季節）である。すべてが充実し、生活も心豊かに送ることができる。

私たちはより成熟した愛情の交換を経験できるようになる。お互いの欠点や失敗を認め、理解し合うことが可能である。お互いに感情を素直にさらけ出し、感謝をし合える時間である。

イソップ物語の〝アリとキリギリス〟の話ではないが、真夏の間に一生懸命に汗を流して努力を重ねていれば、自分たちで育てあげた愛の果実の甘い味覚を心の底から楽しめるようになるのである。

冬――やがてまた確実に季節はめぐっていく。寒い冬が当然のような顔をしてやってくるのである。この寒さが厳しく不毛な数か月間は、自分の中に閉じこもるようになる。この間に、私たちは充分に休息し、充電し、新しく自分を生まれ変わらせる必要がある。そういう時間が、愛情生活の中における冬の季節なのである。

この時期、私たちは否定的な感情にとらわれ、それが彼（彼女）との愛情関係にも大いにマイナス効果を与えてしまう。心の奥深くに押し込まれていた苦痛に満ちた感情が、それを抑え込んでいたふたがはずれてしまった結果、一気に顔を出してくるのである。

したがって、この季節は相手のことに関してより、むしろ自分自身のことに関してあれこれじっくりと見つめ直し、考えていく必要がある。それが、二人の間をさらに深めていく秘訣である。

すなわち、お互いに自分自身を治療する時間だというわけだ。男性は、自分の穴の中に閉じこもり、女性は井戸の底のほうに沈んでいき、それぞれが独力で自分を成長させていく季節である。

暗く、寒さの厳しい冬の季節の間に自分を愛することを忘れなければ、自動的に再び春の季節がめぐってくるのである。そうなれば、私たちはもう一度、愛と希望と、そして限りなく豊かな可能性に恵まれた楽しい季節を迎えることができるようになる。

私たち自身の心の内側における自己治療と厳しい魂探しの旅の成果に基づいて、私たちは自分の心を大きく開いて愛情の春を再び迎えることが可能になるのである。

二人は必ず、いまよりずっと素敵に変われる

ここまでのことを学び取り、二人の間のコミュニケーションをより活発にし、自分の望みや気持ちを相手にきちんと伝えられるようになったら、あなたと彼（彼女）との関係は大きく前進する。あなたは、いつの間にか絶えず希望に胸を躍らせていることができるようになる。確実に変わっていく愛情の春夏秋冬に、上手に自分を合わせていくこともできるようになる。

私はこれまで、二人の関係を好転させることに成功した何千組ものカップルを見てきた。その中には、文字どおりに一夜にして幸せになった人たちも多数いる。彼らは、土曜日に開催している私のセミナーに参加して、日曜日の夕食時までには再びいい関係を取り戻しているのである。

本書を通して習得していただいた方法を適切に応用し、そして、男性がそもそもは火星人であり、女性は金星人であったということを肝に銘じておくことにより、あなたもまた

同じ成功をおさめることができるに違いない。

そして、愛情というものが四季のごとくに周期的に移り変わっていくものであることを覚えておこう。春の間は実に楽しく、すべてが思いどおりに運んでいく。何の苦労も必要ない。その生活が永遠に続いていくと確信できる。だが、夏になると思いもよらなかったような厳しい仕事が待ち受けている。その時期を乗り越えれば、あなたはより充実感と満足感を得ることができるのである。豊穣の秋を謳歌できるのである。だが、やがて冬が必ずやってきて、あなたの心を空虚なものとする。

あなたは夏の厳しい試練を克服するために必要とした情報と、彼（彼女）との関係に対する積極的な働きかけのことなど、すっかり忘れてしまっている。したがって、秋に感じることができた実り多い愛情も、冬になれば簡単に失せてしまうのである。

春から夏へと季節が移り変わっていくにつれ、しだいに自分の思いどおりに事が運ばなくなって、相手から充分な愛情を与えられていないと感じるようになったあなたは、時として本書で学んだことを一瞬にして忘れてしまうことがある。

そうなれば、あなたは相手を責めるようになり、相手の要求をいかにして満足させていくか、その方法を忘れてしまう。

冬の空虚さに襲われた時には、あなたは救いようのない絶望感にさいなまれるようになる。そうなると、今度は自分自身をきびしく責め、自らをいかに愛し、気分転換を図っていくのか、その方法を忘れてしまうのである。

おそらく、あなたは自分自身ばかりではなく、愛する人に対しても強い猜疑心を抱くようになる。あなたは、世をすねるようになり、何をするのも嫌になる。あきらめの気持ちにさいなまれさえもするだろう。

だが、それらの感情の変化は、すべて一つのサイクルの一部にすぎないのである。夜明け前は、常に一日のうちでもっとも暗い時間帯なのだ。

〝未知の旅〟だからこそ、二人の愛はより強くなる

異性関係を成功させようと思えば、愛情には春夏秋冬の移り変わりと同じような周期的な感情変化が自然に働くことを認識し、理解していなければならない。

ある時は、愛情は極めて簡単に思いどおりの方向へ二人の関係を進めていき、ある時は、多大な努力を必要とする。ある時は私たちの心は満足感で満ちあふれ、ある時は空虚さに押し潰されそうになる。私たちは、パートナーからの愛情と思いやりを常に期待してはならない。逆に、私たち自身が相手に対してそうしてあげなければならないこともあるのだ。

あるいは、相手が正しい愛情の表現法をいつも心得ているに違いないと考えることも禁物である。それは、相手に対してばかりでなく、自分自身に対しても当てはめなければな

らないことだ。人間とは、とかく間違いを犯しやすく、覚えたこともすぐに忘れてしまいやすい生き物なのである。

物事を学習していくプロセスというものは、ただ単に誰かの話を聞き、記憶して自分なりに応用していくことだけではない。時には、これまでに覚えたことを一度忘れて、再び覚え直す作業も必要となる。

本書を通して、あなたはおそらく両親が教えることができなかったことを数多く学んだはずである。彼らは、それを知らなかった。だが、あなたはいま、それを知っている。どうか、より現実的になってもらいたい。自分の失敗にも寛容になるべきである。あなたがここで学んだ多くのことは、すぐに忘れ去られてしまうかもしれない。

ある教育理論によると、私たちが何か新しいことを習得するには、同じことを二百回繰り返して聞く必要があるという。

私たちは、本書で学んだすべての新しい知識や知恵を一度に実行できることを自分に(あるいは、相手に対して)期待してはならないのである。忍耐強く、そして段階を一歩ずつ踏んで覚えていくことが大切だ。完全に自分のものとするには、相当な時間がかかるものだと覚えておこう。

時には道に迷うことも当然ある。あなたの相手も同じである。その未知の旅を続けていくプロセスにおいて、本書を地図代わりに活用してもらいたい。何度も何度も読み返すことにより、未踏の地を無事に通り抜けさせ、あなたを目的地へと導いていくようにしよう。

この次、あなたが異性に対してフラストレーションを感じた時には、そもそもは男性が火星人で女性が金星人であったことを思い出そう。男性と女性が根本的に異質な〝異星人同士〟であるということを覚えておくだけで、お互いの愛情関係に大きなプラスをもたらしてくれるに違いない。

訳者あとがき

男と女の関係を〝魅力的な発想〟でとらえ切った本

大島　渚

男は火星から、女は金星からこの地球にやってきた、そして一緒に住んでいるという、まことに卓抜で魅力的な発想からこの本は成り立っている。男と女は異なった星の住人だ、つまり別々の世界の生物だというわけである。

本書は、本国のアメリカで驚異的なベストセラー記録を打ち立てたのはもちろんのこと、世界各国でも出版され、多くの男女に愛されている一冊である。

私たちはしばしば、「どうせ女なんかにわかりやしないよ」とか、「所詮、男ですものねえ……」などと言う。

異性には、自分たちの気持ちなどわかりはしないと決めつけているわけである。そのくせ、その相手がどういう気持ちでいるかは何も考えない。同じ人間なのに、どうして女は

（男は）自分たちと同じ気持ちにならないんだろうとボヤくだけなのである。

そこで、この本の著者ジョン・グレイ博士は、男と女がお互いに同じ人間だと思ったり、同じ人類なのにと思ったりすることを、やめたらどうかというわけである。

違った星からきた人間だと思えば、もう少し相手のことを考えるようになるだろうというわけである。そして火星人（男）と金星人（女）の違いを一つひとつ指摘してゆく。

それはまず、男と女が相手に対して最も頻繁に口にする苦情の解明から始まる。

女は「私の言うことをちっとも聞いてくれない」と言う。女が男に話しかける時は、男に話を聞いてもらい、同情してほしいのである。ところが男は話をちょっと聞くと、すぐ解決策を示し、それで事足れりとする。だから男は「ミスター・フィクサー（調停屋）」であり、それが男の基本的な性格なのである。

一方、男は「女は絶えずこちらを変えていこうとしている」とコボす。女は男にとって「教育委員長」のオバサンなのであり、まことに不愉快な存在なのだが、女にしてみればそれは愛情の発露であり、そうすることは女の基本的な性格なのである。

男が「ミスター・フィクサー」であり、女が「教育委員長」であることをお互いに理解すれば、そうした傾向をそれぞれが抑えて、相手の真の要求に応えることができるというわけである。

次は、男と女のストレスへの対処法の違いである。それは一口で言えば「男は穴にもぐり、女はしゃべる」ということになる。

ストレスに陥った時、男は相手に対しては放っておいてほしいのであり、女は相手におしゃべりを聞いてほしいのである。

この違いを知ることによって男女は、相手がストレスの原因である場合の対応法、すなわち危機を克服する方法を身につけることができる。

ここまでは、お互いに異星人である相手の性格と本質を知り、それに対する対応法を学ぶことであった。この次の段階は「いかに異性を動かすか」である。もともとはまったく異なった性格の異星人を、いかに自分と協調できる人間に変えていくかである。

人間が変わっていくためには、動機づけが必要である。しかし、幸いなことには二人の間には愛がある。愛こそが二人の関係をよりよくしていくと考える点において、著者は楽天主義者《オプチミスト》であり、そのことは彼自身がカウンセラーとして活躍してきた永年の体験に裏打ちされている。

特に、「まるで異なった言語を話す」火星人と金星人との間で交わされる会話の中で話される言葉について、一つひとつ相手の理解できる言葉に翻訳した「男性がもっとも誤解しやすい女性の不満の言葉」や「男性によるもっとも典型的な六つの警告信号」は圧巻である。

さらに「男性が最愛の女性の愛情タンクを常に満タンに保っておくための、九十八の小さなアプローチ・リスト」に至っては、まさに至れり尽くせりというほかない。なにしろ九十七項目めは「これに加える項目がないか彼女に聞く」というのであり、最後の九十八は「トイレの便器は、必ず便座を戻しておく」なのである。

だからといって、この本を単に男女が日常生活においてうまくやっていくためのテクニック偏重のものと考えないでほしい。

最後の二つの章は「いかにして本物の愛情を手に入れるか」、そして、「〝愛の魔術〟の効力を保ち続ける」ことに捧げられている。

そして特に女性に、相手の愛情や思いやりを受けるためには、自分からそれを求めて行動しなければならないという大原則を説き、またそのためのテクニックを教える。何事も段階的に順序よく進めていかねばならないのだ。

そのようにして、いったん勝ちとった愛情関係が、突如崩れる時がある。著者は十幾つかの実例をあげたのち、それらの感情的な混乱は決して現在の二人に責任があるものではないと説明する。

すなわち、二人の愛が昂揚した幸福感の激しさの中からは、必ず抑圧感が湧いてくるものであり、それは過去の体験から来るのである。つまり、一人ひとりの過去に未解決のまま胸の奥深く閉じこめられていた不安定な感情が爆発したのである。

それは、けっして現在の相手の責任ではない。そのことさえわかれば、問題は時間がかかろうと必ず解決する。

最後にこの本は「愛情の四季」、「愛情の春夏秋冬」という美しい言葉で終わる。四季が移り変わるように、愛情も移り変わる。そのことを知り、かつ冬の次にまた春が来ることを信じる者だけが愛の成功者になるというわけだ。

私もかつて、テレビなどで休むことなく男と女の身の上相談、人生相談を受けてきた。高校時代、校庭のクローバの上でやっていた時から数えると、もっと長い。

この本は、私の長い体験で得てきた知見と根本的なところで一致し、細部においては私に限りなく多くの新しい発見をさせてくれた。ここに慣れぬ翻訳の筆をとって読者に贈るゆえんである。

ベスト・パートナーになるために

著　者――ジョン・グレイ
訳　者――大島　渚（おおしま・なぎさ）
発行者――押鐘太陽
発行所――株式会社三笠書房
〒102-0072 東京都千代田区飯田橋3-3-1
電話：(03)5226-5734（営業部）
：(03)5226-5731（編集部）
http://www.mikasashobo.co.jp
印　刷――誠宏印刷
製　本――若林製本工場
ISBN978-4-8379-5743-0 C0036